Anja Völkel

Buchweizen – das Powerkorn

Gedruckt auf
100% Recyclingpapier

Anja Völkel

Buchweizen – das Powerkorn

Glutenfrei kochen und backen –
fantastisch vegetarisch!

illustriert von Kirsten Maria Peter

pala verlag

Inhalt

Liebe Leserin, lieber Leser!

»Buchweizen, Mehlpflanze aus der Familie der Knöterichgewächse. (...) Buchweizen wird auch heute noch auf Sandboden als Getreide angebaut; die dreikantigen Nüsschen liefern ein graues Mehl und Grütze, die auch als Mastfutter dient.« So schreibt der Volks-Brockhaus in seiner zwölften, neu bearbeiteten Auflage aus dem Jahre 1956.

Über Jahrtausende hinweg waren Körner von Getreide und Pseudogetreide das wichtigste Nahrungsmittel der Menschen. Erst im 20. Jahrhundert sind Getreidebreie, Getreidesuppen oder Grütze fast ganz vom Speisezettel verschwunden – zu Unrecht übrigens, denn Getreide und Pseudogetreide verfügen über einen ausgewogenen Nährstoffreichtum. Viele Menschen besinnen sich heute wieder verstärkt auf eine natürliche Ernährung mit saisonalen Lebensmitteln aus der Region und darauf, wie sich unsere Vorfahren ernährt haben. So steht in mancher Vorratskammer inzwischen neben weniger alltäglichen Getreidearten wie Hafer, Gerste oder Hirse auch der Buchweizen wieder. Eine Pflanze, deren Körner jedem Gericht einen unverwechselbaren Geschmack geben – man denke an Galette oder Blini. Doch Buchweizen kann weitaus mehr.

Um seine Vielfalt aufzuzeigen und ihn aus seinem Schattendasein herauszunehmen, habe ich eine Vielzahl leckerer Rezepte erstellt und zusammengetragen. Da meine Familie vier Personen umfasst, sind die Rezepte, wenn nicht anders angegeben, auf diese Personenzahl ausgelegt. Auch habe ich alles in meiner normalen Küche ohne große technische Hilfe erprobt und zubereitet. Bei den Rezeptbeschreibungen war es mein Anliegen, die Arbeitsschritte in kurzer und verständlicher Form zu beschreiben. Wer außergewöhnlich kochen oder backen will, kann sich und andere mit dem Ausprobieren alter und neuer Buchweizenrezepte überraschen.

In diesem Sinne wünsche ich Ihnen gutes Gelingen und guten Appetit!

Ihre Anja Völkel

Über Buchweizen

Trotz des Wortbestandteils »Weizen« zählt Buchweizen botanisch nicht wie Getreide zur Familie der Süßgräser, sondern zur Familie der Knöterichgewächse. Buchweizen ist kein Getreide, sondern wie Quinoa und Amarant ein Pseudogetreide – deren gemeinsames Merkmal es ist, dass sich ihre Körner wie Getreide verwenden lassen.

In Europa sind hauptsächlich zwei Buchweizenarten verbreitet: der Gewöhnliche oder Echte Buchweizen *(Fagopyrum esculentum)* und der Tatarische Buchweizen *(Fagopyrum tataricum)*.

Der Gewöhnliche Buchweizen ist eine einjährige Pflanze mit aufrechtem, rötlich gefärbtem Stängel, der 30 – 80 cm hoch werden kann. Die ersten Blätter der jungen Pflanze sind groß und fast rund, die folgenden Blätter sind herzpfeilförmig, meist länger als breit und bis 8 cm groß. Die weißen bis rötlichen Blütenknäuel entspringen aus den Blattachseln und verströmen einen starken Blütengeruch. Sie entfalten sich nach und nach von Juni bis September und werden von Insekten bestäubt. Die 6 mm großen Früchte sind dreieckig und sehen aus wie kleine Bucheckern. Sie gaben der Pflanze ihren Namen. Die Schale der Samen ist glatt und braun bis schwarz, manchmal mit schwarzer Maserung. Sie wird entfernt, bevor die Samen als hellbraune bis leicht hellgrünliche Körner verkauft werden.

Im Unterschied dazu hat der Tatarische Buchweizen meist grüne Stängel, seine Blätter sind oft breiter als lang, die Blüten grünlich und er ist weniger auf Fremdbestäubung angewiesen. Seine Früchte sind mit 4 – 6 mm Größe etwas kleiner, sie haben eine graubraune, matte Oberfläche und wellige Kanten mit Höckern.

Daneben werden in anderen Ländern weitere Buchweizenarten angebaut. Zum Beispiel *Fagopyrum acutatum,* der hauptsächlich im südlichen Himalaja geerntet und in Assam als Blattgemüse kultiviert wird.

Herkunft und Geschichte

Die Urheimat des Buchweizens ist Kleinasien. Vermutlich wurde er dort bereits vor mehr als 4000 Jahren angebaut und seit mehr als 3500 Jahren auch in Japan. Historische Funde weisen auf Anbaugebiete in Nepal und rund um den Baikalsee zwischen Sibirien und der Mandschurei hin. Sicher ist, dass wandernde Mongolen Buchweizen als eine der ersten Körnersorten während ihrer kurzen Rasten säten, wie dies Nomaden in dieser Gegend noch heute tun. Für die Lebensweise von Nomaden ist Buchweizen ideal, denn schon nach zehn Wochen trägt er die ersten Früchte. Außerdem breitet er sich von selbst aus und wächst noch auf den kärgsten Böden.

Die Nomaden waren es auch, die den Buchweizen in den Orient brachten. Während der Blütezeit der arabischen Reiche war Buchweizen dort Grundnahrungsmittel. Wann und auf welchem Wege die Pflanze nach Europa gelangte, ist ungewiss. Vermutlich brachten die Mauren sie auf ihren Eroberungszügen mit. Anderen Theorien zufolge waren es Tataren und Türken, die den Buchweizen durch ihre Feldzüge in Mitteleuropa verbreiteten.

Bezeichnungen wie »Tatarenkorn« oder der Artname »Tatarischer Buchweizen« verweisen auf die Herkunft aus dem Osten und auf mongolische Stämme. Der Tatarische Buchweizen tauchte jedoch erst im 18. Jahrhundert in Europa auf und erlangte nur in Gebirgslagen und in Gegenden mit kurzer Vegetationszeit eine gewisse Bedeutung. Südlich der deutschen Mittelgebirge heißt Buchweizen auch »Heidenkorn«, auch dieser Name weist auf die Herkunft des Korns aus heidnischen Ländern hin. Später wurde dieser Name fälschlicherweise mit dem Standort Heide in Verbindung gebracht.

Bis Ende des 16. Jahrhunderts verbreitete sich der Buchweizen im mitteleuropäischen Raum wahrscheinlich südlich und nördlich der Alpen. Niederländische Kolonisten brachten ihn nach Nordamerika. Seine größte Flächenausdehnung hierzulande erreichte der Buchweizen im 17. und 18. Jahrhundert. Er war in dieser Zeit anderen Mehl liefernden Pflanzen, dem Getreide, gleichgestellt. In einigen Landesteilen war er sogar die dominierende Kulturpflanze. Erste Zahlenangaben über die Größe des Buchweizenanbaus stammen aus dem Königreich Preußen. Im Jahre 1805 wurden dort etwa 157 800 ha Buchweizen angebaut. Wichtigste Anbaugebiete außerhalb Preußens waren vor allem die Geest in Schleswig-Holstein, die Lausitz, einige Gegenden in Niedersachsen, einige Alpentäler und landwirtschaftlich wenig begünstigte Mittelgebirgslagen.

Mehrere Gründe führten dazu, dass Buchweizen von den Feldern verschwand. So veränderten sich ab Anfang des 19. Jahrhunderts die Ernährungsgewohnheiten der breiten Bevölkerung insoweit, dass Getreidenahrung in Form von Brei und Grütze immer mehr verschwand. Vor allem die Kartoffel machte den Anbau von Speisekorn in Europa uninteressant. Übrig blieben hauptsächlich Gerste als Tierfutter sowie Weizen und Roggen als Brotgetreide. Buchweizen galt ebenso wie Hirse und Hafer wegen seiner Kleberarmut als ungeeignet zum Backen. Vermutlich waren es auch der unverwechselbare herbe Geschmack und die dunkle Farbe seines Korns, die Buchweizen im Laufe der Zeit unbeliebt machten. Ein weiterer Grund für den Rückgang des Buchweizenanbaus in unseren Breiten ist, dass die Pflanze keinen Kunstdünger verträgt, sich ihr Ertrag also nicht durch den verstärkten Einsatz von synthetischen Düngemitteln erhöhen lässt – anders als bei Gerste oder Weizen, deren Erträge sich dadurch erheblich steigern lassen. Für die konventionelle Landwirtschaft wurde Buchweizen somit immer weniger attraktiv.

Ansprüche an Boden und Klima

Bei heißer, trockener, dem Klima im Ursprungsgebiet entsprechender Witterung wächst die Pflanze in wenigen Wochen heran. Von der Aussaat bis zur Ernte erfordert Buchweizen im Vergleich zu anderen Kulturpflanzen einen geringen Arbeitsaufwand. Er ist widerstandsfähig gegen Insektenfraß und Pilze und benötigt keinerlei Düngung, vor allem keinen Kunstdünger. Er hat die Fähigkeit, Mineralstoffe aus dem Boden selbst aufzuschließen und sich anzueignen.

Trotz der kurzen Vegetationsdauer von nur zehn bis zwölf Wochen wurde Buchweizen in Deutschland fast ausschließlich als Hauptfrucht angebaut. Als Zweitfrucht nach Roggen oder Wintergerste hätte er aufgrund der Frühfröste im Herbst nicht mehr ausreifen können, denn die sonst so robuste Pflanze ist äußerst frostempfindlich. Bereits Temperaturen von plus 2 °C können ihr schaden. Hinzu kommt, dass Buchweizen zwar Kühle und Feuchtigkeit verträgt, der Aufwuchs zieht sich dann aber in die Länge. Unter anderem wegen seines schnellen Wachstums wurde Buchweizen allerdings manchmal als Vorfrucht, zum Beispiel zu Roggen, angebaut.

Weil Buchweizen mit sich selbst verträglich und als Knöterichgewächs mit keiner unserer Kulturpflanzen verwandt ist, lässt er sich in jede Fruchtfolge integrieren. Früher diente er auch als Pionierpflanze auf neu gewonnenem Land: Über seine feinen Wurzeln schließt er Nährstoffe im Boden auf, lockerte denselben, hilft dabei, Verkrustung und Erosion des Bodens zu vermeiden und unterdrückt Wildkräuter. Aufgrund dieser Eigenschaften hat man ihn in den vergangenen Jahrzehnten als Gründüngungspflanze wiederentdeckt, die bis zum Winter für eine Bedeckung des Bodens sorgt.

Buchweizen als Futtermittel und Bienenweide

Buchweizen kann Mineralstoffe aus dem Boden aufschließen und für sich selbst und andere Pflanzen verfügbar machen. Auch aus diesem Grund war insbesondere der Tatarische Buchweizen früher eine häufig angebaute Gründüngungspflanze, die auch als Futtermittel diente. Der Tatarische Buchweizen eignet sich für die menschliche Ernährung weniger als der Echte Buchweizen, aufgrund seiner größeren Blattbildung und seiner Schnittreife nach sechs bis acht Wochen wurde er allerdings, mit anderen Futtermitteln vermischt, gerne verfüttert, hauptsächlich an Wiederkäuer und Geflügel. Der hohe Schalenanteil macht es aber notwendig, die Körner für die Tiere zu schälen. Außerdem muss darauf geachtet werden, dass die damit gefütterten Tiere nicht der direkten Sonne ausgesetzt werden (siehe Seite 13).

Die zarten Blüten des Buchweizens sind nicht nur eine Augenweide, sondern auch eine Bienenweide. Imker legten früher mit ihren Stöcken weite Wege zurück, um zu den Buchweizenfeldern zu gelangen, die sie als ertragreiche Bienenweide schätzten. Die Bauern sahen dies gern, stieg doch auf diese Weise der Kornertrag merklich.

Die besten Erträge bringt die Pflanze auf leichten, nährstoffarmen Böden, am besten mit einem pH-Wert nahe dem neutralen Wert, eher im leicht alkalischen Bereich. Aber auch auf sehr saurem Boden bringt Buchweizen noch Erträge. Diese Fähigkeit machte ihn in vielen Gebieten mit moorigen oder sandigen Böden zur führenden landwirtschaftlichen Kulturpflanze. Nur sehr feuchte Tonböden und ausgesprochene Kalkböden behagen ihm nicht.

Als Speisekorn wird Buchweizen heute in Deutschland wieder in kleinen Mengen angebaut, zum Beispiel in der Lüneburger Heide, in Brandenburg oder auf der Schwäbischen Alp. Auch in einigen Gebieten der Schweiz und Südtirols sowie im südlichen Kärnten wird er immer noch und wieder kultiviert. Die weltweit wichtigsten Anbauländer sind heute Russland, China, Kasachstan, die Ukraine, Polen, Frankreich und die USA. Aus diesen Ländern stammt auch der größte Anteil des hierzulande gehandelten Buchweizens. Außerdem findet man ihn in tropischen und subtropischen Ländern. In den Tropen gedeiht Buchweizen am besten in mittleren Höhenlagen in 2000 – 3000 m Höhe. Der robustere Tatarische Buchweizen wird sogar in höheren Lagen bis zu 5000 m geerntet.

Ernährungsphysiologische Qualität

Buchweizen ist leicht verdaulich und galt schon immer als Kraft bringendes und wärmendes Korn. Buchweizenkörner ähneln in ihrer chemischen Zusammensetzung dem Getreide. Den größten Anteil am Korn haben Kohlenhydrate, die vor allem als Stärke vorhanden sind. Wie beim Getreidekorn sind Eiweiße, Fette, Ballaststoffe, Mineralstoffe und Vitamine vor allem in den äußeren Schichten des Korns, im Keimling und in den Samenschalen, enthalten. Buchweizen enthält kein Gluten und eignet sich deshalb als Getreideersatz in der glutenfreien Ernährung. Hier gewinnt er zunehmend an Bedeutung als äußerst gesunde Alternative.

Buchweizen ist ein guter Energielieferant und bietet hochwertiges Eiweiß mit allen für den Menschen essentiellen Aminosäuren. Besonders erwähnenswert ist die Aminosäure Lysin, an der Buchweizen dreimal so reich ist wie Weizen. Lysin ist unter anderem für den Kollagen- und Knochenstoffwechsel wichtig. Auch die Aminosäure Tryptophan ist in überdurchschnittlicher Menge enthalten.

Ernährungsphysiologisch interessant ist Buchweizen aber nicht nur aufgrund der hohen biologischen Wertigkeit seines Eiweißes, sondern auch wegen seiner Mineralstoffe, Vitamine und seines Lecithingehaltes. An Mineralstoffen findet man vor allem Phosphor, Kalium, Magnesium und Eisen. Bei den Vitaminen seien besonders B_1, B_6 und Niacin genannt. Dem enthaltenen Kohlenhydrat Inositol spricht man eine positive Wirkung auf den Blutzuckerspiegel zu.

Buchweizen als Heilpflanze

Weitere vor allem medizinisch interessante Inhaltsstoffe des Buchweizens sind Rutin, ein Glykosid, und Fagopyrin. In der Medizin wird nur das Buchweizenkraut verwendet.

Rutin ist in Körnern und Spelzen, mehr noch in den jungen Pflanzen und ungewöhnlich hoch in den grünen Blättern vor der Blüte enthalten. Es schützt die Pflanze vor UV-Strahlung. Für den Menschen wirkt Rutin als Antioxidans, es soll das Bindegewebe stärken, die Blutzirkulation verbessern und Arteriosklerose entgegenwirken. Außerdem soll Rutin die Elastizität der Blutgefäße, besonders der Kapillaren, fördern und erhalten. Rutinhaltige Präparate und Tee aus Buchweizenkraut (Fagopyri herba) werden beispielsweise zur Vorbeugung und Behandlung von Venenschwäche und Venenerkrankungen wie Krampfadern und Besenreisern oder als Kur bei Zahnfleischbluten oder Hämorriden verwendet.

Der Rutin-Gehalt hängt von der Sonnenscheindauer ab. Wird das Buchweizenkraut für medizinische Präparate und Heiltees gewonnen, erfolgt die Ernte meist schon im Juni vor der Samenreife. Denn später – im Juli oder August – sinkt die Konzentration an Rutin wieder.

Auch in der Homöopathie hat Buchweizen einen Platz, vor allem als Mittel gegen Kopfschmerzen, auch bei Hauterkrankungen, Leberproblemen sowie Juckreiz. Die chinesische Medizin verwendet Buchweizen bei schleimigem Durchfall, innerer Unruhe oder unreiner Haut.

Fagopyrin ist ein roter, fluoreszierender Farbstoff, der sich vor allem in den zarten roten, die Körner umgebenden Häutchen befindet. Bei der Verfütterung größerer Mengen Buchweizenkraut und Körner an Tiere wurde schon früh eine Überreaktion dieser Tiere gegen Sonnenlicht festgestellt. Die Haut zeigt dann Schwellungen und Entzündungen mit blasigen und brandigen Stellen. Diese Erscheinung wird als Fagopyrismus bezeichnet. Auch Menschen können daran erkranken (siehe Seite 15).

In der Küche

Buchweizen war in der Vergangenheit kein Handelsprodukt, sondern diente der Selbstversorgung in unmittelbarer Umgebung der Buchweizenmühlen. Man verwendete ihn dort, wo er angebaut wurde. Auf diese Weise entwickelte sich in den Anbaugebieten eine Vielzahl typischer Buchweizengerichte. Ob als Korn, Mehl, Schrot, Grieß, Grütze, Flocken, Sprossen – Buchweizen ist vielseitig verwendbar.

Buchweizenkörner kommen geschält in den Handel. Dafür wird das gereinigte Korn getrocknet, wodurch die Körner elastischer werden. Dann brechen Walzenstühle die spröde gewordenen Schalen auf, und durch Sichter werden anschließend die Schalen, die ganzen Körner sowie grober und feiner Grieß voneinander getrennt.

Grieß und Schrot können auf verschiedene Mehlqualitäten weiterausgemahlen werden. Ein eher graues, grobes Mehl enthält Anteile der Samenschale, nicht jedoch der äußersten Fruchtschale, es schmeckt intensiv und typisch nach Buchweizen. Wer einen milderen Geschmack bevorzugt, sollte das hellere Mehl ohne Schalenanteile wählen oder die Körner selbst mahlen.

Das Selbstmahlen gelingt auch gut mit einer Kaffeemühle, weil die Körner viel weicher sind als diejenigen von Reis oder Mais. Für Grütze werden die geschälten Körner in einer speziellen Grützmühle grob zerkleinert.

Das vermutlich älteste Buchweizengericht ist Brei. Aufgrund ihrer Weichheit eignen sich die Körner des Buchweizens hierfür sehr gut. Sie sind schnell gar und haben einen kräftigen Geschmack. Noch heute werden Buchweizenbreie in den Südalpen zubereitet. In Österreich sind sie als »Sterz«, in einigen italienischen Gebieten als »polenta nera« oder »nerestra« oder – je nach Zutaten – als »polenta taragna« mit Käse und »polenta in flur« mit Sahne bekannt. Ein Brei aus ganzen Körnern und grobem Schrot wird auch in Russland gerne gegessen. Er wird langsam gekocht und im Ofen gebacken. Für eine kürzere Kochzeit gibt es dort auch bereits vorgekochte Grütze zu kaufen.

Darüber hinaus wird das ganze Korn nach Art von Risotto, als Beilage, im Auflauf, als Füllung, in Eintöpfen und ähnlich zubereitet. Durch das Erhitzen kann es ähnlich wie bei Haferflocken zur Schleimbildung kommen. Beachten sollte man, dass Buchweizen nicht zu lange gart, weil er sonst klebrig wird.

Kurz angeröstet, duften die ganzen Körner äußerst aromatisch, sie schmecken nussig und passen gut zu Süßspeisen, Salaten und ins Müsli. Man kann sie auch garen wie das ungeröstete Korn. Unter dem Namen »Kasha« oder »Kascha« findet man gerösteten Buchweizen auch im Handel.

Buchweizenmehl lässt sich zum Backen von Brot und Kuchen verwenden. Weil Buchweizen jedoch kein Gluten enthält, sollte das Mehl hierfür mit anderen Mehlen gemischt werden. Beim glutenfreien Backen kann die Backstabilität mit Sojamehl oder Johannisbrotkernmehl erreicht werden. Bei manchen Kuchenrezepten reicht es auch, mit einer größeren Menge an Eiern für Bindung zu sorgen. In der Lüneburger Heide findet man zum Beispiel eine geschätzte Buchweizentorte mit Sahne und Preiselbeeren gefüllt. Wie aus echten Getreidearten lassen sich auch Pfannkuchen, Klöße, Waffeln, Nudeln und andere Mehlspeisen aus Buchweizenmehl herstellen. Insbesondere für Bratlinge, Fladen und Pfannkuchen eignet sich das Mehl hervorragend. Es hat eine gute Bindefähigkeit und quillt mit Flüssigkeit, zum Beispiel kohlensäurehaltigem Mineralwasser, beim Backen sehr gut, auch ganz ohne Ei. Buchweizenküchlein in viel Fett gebraten oder gebacken sind zum Beispiel in Norddeutschland als Pfannkuchen mit Rübenkraut oder Apfelmus bekannt. »Omeletten« oder »Crêpes« nennt man sie in der Schweiz, im Veltlin heißen sie »Chisciöi«. Buchweizenpfannkuchen gibt es

Fagopyrismus bei Menschen

Echter und Tatarischer Buchweizen enthalten die Substanz Fagopyrin. Sie ist in Keimlingen, im grünen Kraut mit Blättern und in der grünlich roten, zarten Haut, welche die jungen Buchweizenkerne umgibt, enthalten. Die Buchweizenkerne sind frei davon. In größerer Dosis ist Fagopyrin in Kombination mit Sonnenlicht giftig. Schon lange kennt man die Krankheit Fagopyrismus bei Tieren, die große Mengen Buchweizengrün gefressen hatten und anschließend der Sonne ausgesetzt waren (siehe Seite 13). In der menschlichen Ernährung war das bis vor Kurzem kein Thema, denn die wenigen Handvoll Buchweizensprossen oder ein paar Blättchen Buchweizen im Salat sind kein Problem – eher eine Bereicherung aufgrund des ebenfalls enthaltenen Rutins.

Wer jedoch mehrmals täglich einen der beliebten grünen Smoothies hauptsächlich aus Buchweizengrün zubereitet zu sich nimmt, muss damit rechnen, an Fagopyrismus zu erkranken, und zwar mit den gleichen Symptome wie bei damit gefütterten Tieren. Diese Erscheinung kennt man beim Menschen erst seit einigen Jahren, vor allem seit grüne Smoothies zunehmend Teil der täglichen Ernährung wurden. Für ein Glas grünen Smoothie wird üblicherweise eine große Menge frisches Grün im Mixer sehr fein zerkleinert – wollte man dieselbe Menge als Salat essen, hätte man einen großen Teller vor sich stehen. Als Smoothie ist sie in wenigen Schlucken getrunken.

Gegen Smoothies ist absolut nichts einzuwenden, auch das eine oder andere Buchweizenblättchen ist darin kein Problem. Doch gilt auch hier: Die Dosis macht das Gift!

in der Bretagne als »Galettes de sarrasin«, in Nordamerika als »Pancakes« mit Ahornsirup und in Japan als »Manju«, gedämpfte Küchlein. In Russland sind »Blini« mit saurer Sahne eine Spezialität.

Auch Nudeln aus Buchweizenmehl haben eine lange Tradition, zum Beispiel in Japan. Die dort typische Buchweizennudel »Soba« wurde schon im 17. Jahrhundert hergestellt. Hierfür wird der Nudelteig mehrmals ausgewallt und, wenn er ganz dünn ist, in Streifen geschnitten. Soba werden heiß oder kalt serviert. In Europa sind Buchweizenteigwaren aus der Schweiz vom Puschlav und Veltlin bekannt.

Buchweizen ist in Bioläden, Reformhäusern und guten Lebensmittelgeschäften als ganzes Korn, Grütze, Grieß, Flocken, Mehl, Flakes und gepufft sowie weiterverarbeitet zu Müsli oder Nudeln erhältlich.

Hinweise zu den Rezepten

- Falls nicht anders vermerkt, ergeben die Rezepte **4 Portionen.**

- **Abkürzungen**
  EL = Esslöffel
  TL = Teelöffel
  MSP = Messerspitze

- Falls nicht anders vermerkt, sind **Esslöffel** und **Teelöffel** beim Messen **gestrichen gefüllt.**

- Alle Rezepte in diesem Buch sind **glutenfrei.**
  Falls Sie von Zöliakie oder Glutenunverträglichkeit betroffen sind, beachten Sie bitte: In einigen Rezepten werden Zutaten verwendet, die nicht in jedem Fall glutenfrei sind, zum Beispiel Speisestärke, Puddingpulver, Backpulver, Paniermehl, fertige Buchweizennudeln oder Tortenguss sowie körnige Gemüsebrühe, falls Sie diese für die Zubereitung Ihrer Brühe verwenden. In den Rezepten sind immer glutenfreie Varianten dieser Zutaten gemeint.
  Die Kennzeichnung glutenhaltiger Zutaten auf der Verpackung von Lebensmitteln ist zwar vorgeschrieben, lesen Sie die Zutatenlisten dennoch immer vollständig und vergewissern Sie sich, dass nichts Glutenhaltiges dabei ist. Auch Schokolade, Hefe auf Weizenbasis, Zubereitungen aus Quark oder Joghurt können glutenhaltige Zutaten enthalten. Fragen Sie im Zweifelsfall bei den Herstellern nach.

- Die angegebenen **Backzeiten** und **Backtemperaturen** beziehen sich auf einen **vorgeheizten Elektrobackofen** und Backen **mit Ober- und Unterhitze ohne Umluft.**
  Beim Backen mit Umluft kann die Backtemperatur für das gleiche Ergebnis etwa 20 °C niedriger eingestellt werden als beim Backen mit Ober- und Unterhitze und der Ofen braucht zudem eine kürzere Vorheizzeit, es genügt, ihn einige Minuten vor dem Backen anzustellen. Bei anderen Arten der Hitzezufuhr richten Sie sich bitte auch nach den Herstellerangaben zu Ihrem Ofen und Ihren eigenen Erfahrungen.

- Für die **Garprobe beim Backen** nimmt man ein Holzstäbchen oder eine Stricknadel und sticht damit in die dickste Stelle des Gebäcks. Bleibt beim Herausziehen kein Teig am Gerät hängen, ist das Gebäck fertig gebacken. Ansonsten die Backzeit um einige Minuten verlängern.

- Als **Zucker** verwende ich fein gemahlenen Vollrohrzucker sowie Roh-Rohrpuderzucker. Selbstverständlich können Sie andere Süßungsmittel und zudem andere Mengen nach Geschmack verwenden.

- **Vanillezucker** lässt sich einfach selbst herstellen.
  Für 20 g Vanillezucker 1 Vanilleschote der Länge nach aufschneiden und das Mark herauslösen. Das ausgelöste Mark mit 20 g feinem Vollrohrzucker aufnehmen und die Mischung in einem Mörser gleichmäßig verreiben.
  Zum Aromatisieren mit Vanille kann auch pure Vanilleschote oder gemahlene Vanille verwendet werden: 2 TL Vanillezucker entsprechen dabei 1 TL gemahlener Vanille oder dem Mark von etwa 1 Vanilleschote.

- Verwenden Sie am besten **frisch gemahlenes Getreide.** Alle von mir verwendeten Mehle, Getreide und Pseudogetreide sind im Bioladen und Reformhaus erhältlich. Wenn möglich, kaufe ich das ganze Korn und mahle es frisch unmittelbar vor der Verwendung. Frisch gemahlenes Korn ist vollmundiger im Geschmack. Alternativ können Sie fertige Vollkornmehle aus dem Handel verwenden oder sich das Korn in machen Bioläden mahlen lassen.

- Die Rezepte empfehlen keine spezielle Sorte **Speisestärke.** Verwenden Sie diejenige Sorte, die Ihnen am liebsten ist. Die Gerichte gelingen gleichermaßen gut sowohl mit Kartoffelstärke als auch mit Maisstärke. Wenn Sie von Zöliakie oder Glutenunverträglichkeit betroffen sind, achten Sie bitte auf glutenfreie Speisestärke.

Die Basics

Buchweizen garen

Buchweizen kann auf unterschiedliche Arten gegart werden: in einem Topf auf dem Herd, im Reiskocher oder Backofen. Allgemein gart man Buchweizen mit Wasser im Verhältnis 1 : 2, zum Beispiel 1 Tasse Buchweizen mit 2 Tassen Wasser. Wer möchte, spült die Körner vor der Zubereitung unter fließendem Wasser ab und lässt sie abtropfen. Das ist nicht notwendig, wenn die Körner sauber genug sind.

Auf dem Herd

200 g Buchweizenkörner, Buchweizenflocken oder Buchweizen, geschrotet
400 ml Wasser, Gemüsebrühe oder Milch, heiß oder kalt
1 Prise Meersalz

➤ In einem Topf Buchweizen mit Wasser, Gemüsebrühe oder Milch und Salz aufkochen lassen. Zugedeckt bei mäßiger Hitze etwa 15 Minuten garen oder quellen lassen. Dabei ab und zu umrühren.

Im Reiskocher

200 g Buchweizenkörner
400 ml Wasser, kalt
½ TL Meersalz

➤ Buchweizen in den Reiskocher geben. Wasser und Salz dazugeben und etwa 15 Minuten wie Reis garen.

Im Backofen

200 g Buchweizenkörner oder Buchweizen, geschrotet
½ TL Meersalz
400 ml Wasser oder Gemüsebrühe, heiß oder kalt

➤ Backofen auf 180 °C vorheizen. Buchweizen in einen gewässerten Tontopf geben (wie Römertopf). Salz und Wasser oder Gemüsebrühe dazugeben und im heißen Ofen 40 – 45 Minuten zugedeckt garen.

Varianten für die Grundrezepte

- Buchweizen als ganzes Korn oder geschrotet mit Zwiebeln oder Knoblauch oder beidem in etwas Öl, zum Beispiel Olivenöl, anschwitzen. Dann Wasser oder Gemüsebrühe angießen und wie im Grundrezept angegeben garen.
- Buchweizen gegen Ende der Garzeit mit Butter und verschiedenen Kräutern wie Thymian, Petersilie, Schnittlauch, Rosmarin und Liebstöckel verfeinern. Ebenso gut eignen sich klein geschnittene, in Öl eingelegte, getrocknete Tomaten oder zerkleinerte, frische Chilischoten.
- Buchweizen gemeinsam mit verschiedenen Gemüsen garen. Hier eignen sich zum Beispiel Paprika, Auberginen und Zucchini, ebenso gut Pilze.
- Auch mit Hülsenfrüchten wie Linsen, Kichererbsen und Bohnen ergeben sich gute Kombinationen. Weil Hülsenfrüchte längere Garzeiten als Buchweizen haben, gibt man sie entsprechend vorgegart dazu. Eigener Geschmack und die weitere Zubereitung bestimmen dann die gemeinsame Garzeit.
- Wer es lieber süß mag, kann den Buchweizen als ganzes Korn, geschrotet oder als Flocken auch in Milch oder Pflanzenmilch garen – dabei ganzes Korn oder Schrot nach Belieben eher körnig kochen oder zu Brei garen. Nach Geschmack am Schluss mit Sahne, Joghurt, Konfitüre oder frischem Obst verfeinern oder Gewürze wie Vanille, Zimt, Schalenabrieb von Zitronen oder Orangen dazugeben. Mit Honig, Vollrohrzucker oder einem anderen Süßungsmittel abgerundet, ist die süße Variante eine gute Alternative.

Buchweizen mit anderen Körnern garen

Nach dem folgenden Grundrezept lässt sich Buchweizen gemeinsam mit anderen Körnern garen, zum Beispiel mit Quinoa, Amarant oder Hirse – mit einer, zwei oder mehr dieser Kornarten, ganz nach Geschmack. Auch süße Varianten sind möglich (siehe hierzu auch nebenstehende Seite).

70 g Buchweizen
70 g Quinoa
70 g Hirse
½ TL Meersalz
½ l Wasser oder Gemüsebrühe, heiß oder kalt
2 EL Butter
Kräuter nach Belieben, frisch gehackt

➤ Die Körner und Salz in einen Topf geben. Wasser oder Gemüsebrühe angießen, aufkochen, umrühren und zugedeckt bei mäßiger Hitze etwa 15 Minuten quellen lassen. Eventuell noch etwas Flüssigkeit zugeben. Topf vom Herd nehmen, Butter unterrühren und mit gehackten Kräutern verfeinern.

Buchweizenflakes und Buchweizenpops

Im Handel gibt es Buchweizenflakes und Buchweizenpops zu kaufen. Sie in einer normalen Küche selbst zu machen, ist aufwendig bis unmöglich. Denn um Buchweizenpops herzustellen, braucht es hohen Druck, den man im normalen Topf auf dem Herd eher nicht erreicht. Damit das Puffen von Körnern im Kochtopf klappt, muss die Umhüllung um den Stärkeinhalt des Korns stark genug sein, damit sich im Korninneren der nötige Druck aufbauen kann. Das ist zum Beispiel beim Puffmais, einer Maisart speziell zu diesem Zweck, der Fall. Buchweizen ist dafür in der Regel zu weich.

Buchweizenpops sind also eher nichts zum Selbermachen, gekaufte Pops lassen sich aber nach Belieben verfeinern: Für die pikante Variante kann man Meersalz, Chiliflocken, Pfeffer und Kräuter mit etwas Öl in einer heißen Pfanne zu den gepufften Körnern geben und sie darin schwenken. Wer es süß mag, lässt etwas Vollrohrzucker im Topf karamellisieren und schwenkt die fertigen Pops darin.

Buchweizen keimen

Buchweizensprossen lassen sich aus rohen Buchweizenkörnern einfach selbst ziehen. Dazu unbehandelten Buchweizen oder speziell zum Keimen vorgesehene Körner in ein Keimglas geben, mit kaltem Wasser bedecken und über Nacht weichen lassen. Anschließend das Wasser abgießen und die Körner mit frischem kalten Wasser abspülen. Das Wasser aus dem Keimglas laufen und die Körner abtropfen lassen.

Das Keimglas bei Raumtemperatur an einen hellen, nicht vollsonnigen Platz stellen. Die Körner 3 – 5 Tage keimen lassen, bis der Buchweizen schön ausgekeimt ist, dabei zweimal täglich mit frischem kalten Wasser spülen und abtropfen lassen. Dann können die Keimlinge zum Beispiel für Salate oder Suppen verwendet werden.

Buchweizen mahlen und zu Flocken quetschen

Selbst gemachte frische Buchweizenflocken sind vollwertig und enthalten noch alle wertvollen Vitamine und Mineralstoffe. Ein Müsli daraus liefert viel Energie und ist ein guter Start in den Tag. Für Buchweizenflocken einfach den Walzenabstand der Flockenquetsche auf die Korngröße einstellen – und schon erhält man frische Buchweizenflocken.

Auch beim Mehl gilt: Mehl ist nicht gleich Mehl. Denn frisch gemahlenes Buchweizenmehl hat einen intensiveren Geschmack und Duft als fertig gekauftes oder vor längerer Zeit gemahlenes Mehl. Weil beim Mahlen von Buchweizen eine größere Menge Öl aus den Körnern austritt als bei anderen Körnern, sollte die Mühle nicht so fein eingestellt werden wie zum Beispiel bei Reis, weil die Mahlsteine sonst verkleben oder verschmieren können. Wer keine Getreidemühle hat, kann Buchweizen auch in einer Kaffeemühle, Handmühle oder im Hochleistungsmixer mahlen. Allerdings immer nur kleine Mengen nacheinander.

Buchweizen rösten

Beim Rösten kann sich das nussige Aroma des Buchweizens besonders gut entfalten. Das geröstete Korn lässt sich anschließend wie das ungeröstete Korn garen und weiterverwenden.

In der Pfanne

Buchweizenkörner in einer Pfanne ohne Fett unter ständigem Rühren rösten. Wichtig ist, regelmäßig zu rühren oder die Körner zu schwenken, um ein Anbrennen zu vermeiden, weil die Körner sonst ein bitteres Aroma entwickeln können.

Im Backofen

Backofen auf 150 °C vorheizen. Ein Backblech mit Backpapier belegen und die Buchweizenkörner darauf verteilen. Glatt streichen und 40 Minuten im heißen Ofen rösten. Bereits nach 20 Minuten den Buchweizen wenden und dies während der restlichen Backzeit regelmäßig wiederholen.

Müsli und Frühstück

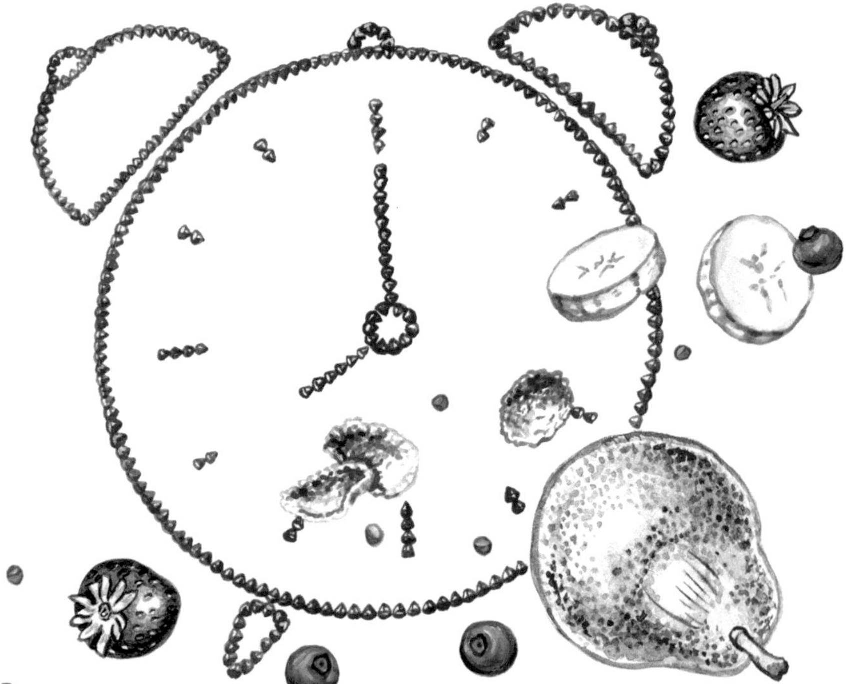

Knuspermüsli

12 frische Datteln, entsteint
50 g Mandeln
30 g (3 EL) Pistazien
250 g Buchweizenflocken
20 g (2 EL) Buchweizen, geschrotet
50 g Kokosraspel
4 EL natives Kokosöl

- Backofen auf 180 °C vorheizen. Datteln klein schneiden. Mandeln und Pistazien hacken. In einer Schüssel Buchweizenflocken, Buchweizenschrot, Kokosraspel, Mandeln und Pistazien vermengen.
- In einem Topf das Kokosöl leicht erwärmen und über die Müslimischung geben. Datteln zugeben und alles gut vermischen.
- Ein Backblech mit Backpapier belegen. Die Müslimischung gleichmäßig darauf verteilen. Im heißen Ofen 10 Minuten backen, Müsli wenden und erneut 10 Minuten backen, bis es schön geröstet und goldbraun ist.
- Das fertig geröstete Müsli aus dem Ofen nehmen und auf dem Blech auskühlen lassen. Anschließend mit einer Gabel lockern und in einer Dose mit Deckel aufbewahren.

Buchweizen-Hirse-Müsli

50 g Mandeln
50 g Zartbitterschokolade
300 g Buchweizenflocken
100 g Hirseflocken
20 g (5 ½ EL) Reis, gepufft
20 g (2 EL) getrocknete Beeren (zum Beispiel Gojibeeren, Cranberrys)
½ TL Zimt

Zum Servieren:
Milch oder Fruchtsaft nach Belieben
flüssiger Honig oder feiner Vollrohrzucker nach Belieben

- Mandeln und Schokolade hacken.
- Alle Müslizutaten in einer großen Schüssel mischen.
- Die gewünschte Menge der Mischung in Müslischalen geben und nach Belieben mit Milch oder Fruchtsaft anrühren. Mit Honig oder Vollrohrzucker nach Geschmack süßen.

Buntes Buchweizenmüsli

200 g Buchweizenflocken
50 g Buchweizenflakes
30 g (6 EL) Amarantflakes
20 g (4 EL) Quinoa, gepufft
20 g (2 EL) Rosinen
5 getrocknete Apfelringe

Zum Servieren:
Milch, Joghurt oder Sahne nach Belieben
flüssiger Honig oder feiner Vollrohrzucker nach Belieben

- In einer großen Schüssel Buchweizenflocken, Buchweizenflakes, Amarantflakes und gepuffte Quinoa vermischen. Rosinen zugeben. Apfelringe fein hacken und ebenfalls zugeben. Alles gleichmäßig vermengen.
- Die gewünschte Menge an Müsli auf Müslischalen verteilen und nach Belieben mit Milch, Joghurt oder Sahne anrühren. Mit Honig oder Vollrohrzucker nach Geschmack süßen.

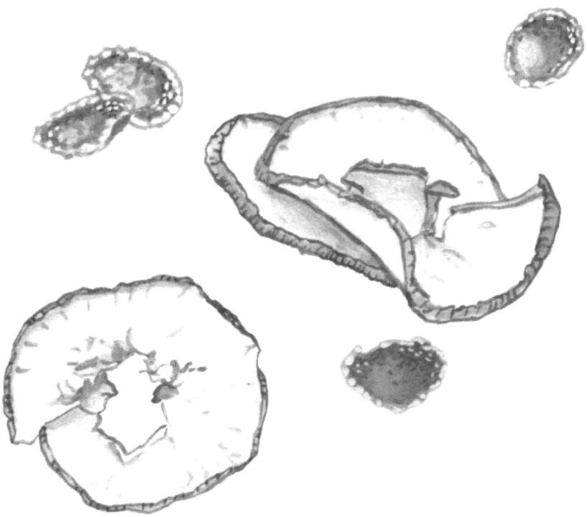

Frühstücksbrei aus Flocken

80 g Buchweizenflocken
300 ml Milch
30 g (3 EL) Mandeln, gehobelt
2 Bananen
200 ml Sahne
2 EL flüssiger Honig

- Buchweizenflocken in einen Topf geben. Milch dazugießen und aufkochen. Bei mittlerer Hitze unter Rühren zu einem Brei kochen. Ist der Brei zu fest, noch etwas Milch zugeben, bis er die gewünschte Konsistenz hat.
- Mandelblättchen in einer Pfanne ohne Fett hellbraun rösten, bis sie fein duften, und auf einem Teller abkühlen lassen. Bananen schälen und klein schneiden. Sahne steif schlagen.
- Brei vom Herd nehmen. Sahne und Bananen unterheben und auf Müslischalen verteilen. Honig und Mandeln darauf verteilen und genießen.

Buchweizengrießbrei zum Frühstück

¾ l Milch
1 Prise Meersalz
50 g feiner Vollrohrzucker (Menge nach Geschmack)
100 g Buchweizengrieß
frisches Obst
(zum Beispiel Himbeeren, Heidelbeeren, Banane, Apfel, Birne)

- In einem Topf Milch, Salz und Zucker zum Kochen bringen. Buchweizengrieß einrühren und etwa 5 Minuten bei mäßiger Hitze unter Rühren zu einem glatten Brei kochen.
- Das Obst gegebenenfalls schälen, entkernen und klein schneiden. Grießbrei auf Müslischalen verteilen und mit dem Obst anrichten.

Frühstücksgrütze

für 3 bis 4 Portionen

150 g Buchweizengrütze
450 ml Milch
75 ml Sahne
Zimtzucker nach Belieben

➤ In einem Topf Buchweizengrütze und Milch aufkochen. Bei mäßiger Hitze so lange weiterköcheln lassen, bis die Milch vom Buchweizen aufgenommen wurde. Nun die Sahne unterrühren, den Topf vom Herd nehmen und zugedeckt 10 – 15 Minuten quellen lassen. Nach Geschmack mit Zucker und Zimt bestreut servieren.

Variante

Probieren Sie auch diese Variante: 200 g Buchweizengrütze im Topf über Nacht in 1 l Wasser einweichen. Dann zugedeckt bei mittlerer Hitze 15 – 20 Minuten zu einem festen Brei kochen. Etwas Butter hinzugeben. Mit Zimtpulver, flüssigem Honig und ½ l Milch übergossen servieren.

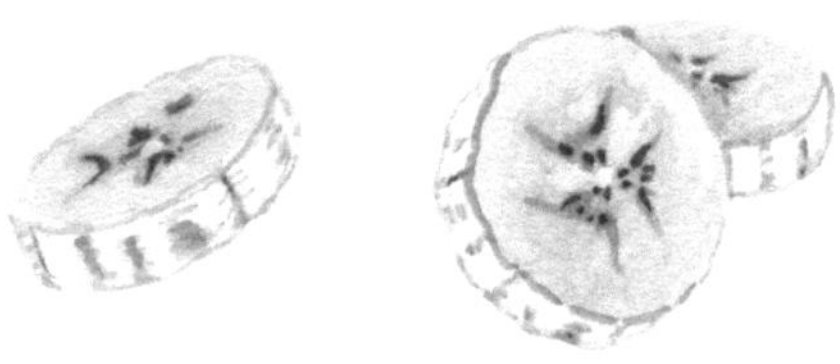

Buchweizen-Frischkornbrei zum Frühstück

für 1 Portion

50 g Buchweizen, geschrotet
etwas Wasser
½ Zitrone
1 Apfel
1 Kiwi
100 g Erdbeeren
100 g Joghurt
2 EL flüssiger Honig
20 g (2 EL) Haselnüsse, gehobelt

- Buchweizenschrot mit etwas Wasser zum Brei verrühren und über Nacht stehen lassen.
- Saft der Zitrone auspressen und Apfel reiben. Kiwi schälen und klein schneiden, Erdbeeren gegebenenfalls halbieren oder vierteln. Buchweizengrütze mit Zitronensaft, Joghurt, Apfel und Honig verrühren. Obst und Haselnüsse darauf verteilen und anrichten.

Brot, Brötchen und pikantes Gebäck

Buchweizen-Körner-Brot

Ergibt etwa 500 g Brot

100 g Buchweizen, gemahlen
80 g Teffmehl
50 g geröstetes Kichererbsenmehl
250 g Speisestärke
1 EL Meersalz
350 ml Milch
2 EL feiner Vollrohrzucker
2 EL natives Kokosöl oder Rapsöl
1 Würfel frische Hefe
natives Kokosöl oder Rapsöl für die Kastenbackform (Länge 30 cm)
50 g Walnüsse
50 g Sonnenblumenkerne
50 g Kürbiskerne
30 g (3 EL) Leinsamen
eventuell etwas Wasser, handwarm

- Mehle, Speisestärke und Salz in einer großen Schüssel mischen. In die Mitte eine Mulde drücken. Milch mit Zucker und Öl handwarm erwärmen. Hefe hineinbröseln, gut umrühren, bis sie sich gelöst hat, und in die Mehlmulde gießen. Mit einem Kochlöffel leicht verrühren. Den Teig in der Schüssel mit einem Geschirrtuch bedeckt 1 Stunde an einem warmen Ort ruhen lassen.
- Eine Kastenbackform fetten. Walnüsse hacken. Alle Kerne und Nüsse in den Teig kneten. Sollte der Teig zu fest sein, etwas handwarmes Wasser zugeben und unterkneten. Backofen auf 200 °C vorheizen. Teig in die vorbereitete Backform füllen und zugedeckt 20 Minuten gehen lassen.
- Eine feuerfeste Schüssel mit Wasser unten in den Ofen stellen und das Brot im heißen Ofen (Mitte) etwa 60 Minuten backen. Mit der Garprobe prüfen, ob das Brot fertig gebacken ist (siehe Seite 17). Aus dem Ofen nehmen und in der Form abkühlen lassen.

Würzige Currybrötchen

Ergibt 8 Brötchen

50 g Buchweizen, gemahlen
50 g geröstetes Kichererbsenmehl
150 g Speisestärke
10 g (2 TL) Pfeilwurzstärke
½ – 1 TL Meersalz
2 EL natives Kokosöl oder Rapsöl
1 EL Currypulver
½ TL gemahlener Kreuzkümmel
½ TL gemahlener Koriander
1 Prise feiner Vollrohrzucker
200 ml Wasser
20 g frische Hefe

- Mehle, Speisestärke, Pfeilwurzstärke und Salz in einer großen Schüssel vermischen. In die Mitte eine Mulde drücken. Öl mit Currypulver, Kreuzkümmel, Koriander und Zucker verrühren. Am Schüsselrand entlang auf dem Mehl verteilen.
- Wasser handwarm erwärmen. Hefe hineinbröseln und verrühren, bis sie sich gelöst hat. In die Mehlmulde gießen und mit einem Kochlöffel verrühren. Den Teig in der Schüssel mit einem Geschirrtuch bedeckt 1 Stunde an einem warmen Ort ruhen lassen.
- Backofen auf 200 °C vorheizen. Ein Backblech mit Backpapier belegen. Teig noch einmal kurz durchkneten und 8 Brötchen daraus formen. Diese auf dem Backblech 20 Minuten zugedeckt gehen lassen. Dann im heißen Ofen (Mitte) 20 Minuten backen.
- Fertig gebackene Brötchen auf einem Kuchengitter abkühlen lassen.

Schnelle Buchweizenbrötchen

Ergibt 10 Brötchen

100 g Walnüsse
300 g Quark
100 ml Milch
1 frisches Ei
1 TL Meersalz
100 g Buchweizen, gemahlen
30 g (3 ½ – 4 EL) geröstetes Kichererbsenmehl
20 g (2 ½ EL) Hanfmehl
200 g Speisestärke
1 ½ EL feiner Vollrohrzucker
2 TL Weinsteinbackpulver
1 frisches Eigelb, verquirlt

- Backofen auf 180 °C vorheizen. Ein Backblech mit Backpapier belegen. Walnüsse fein mahlen.
- In einer Schüssel Quark mit Milch, Ei und Salz gut verrühren. Mehle, Speisestärke, gemahlene Walnüsse, Zucker und Backpulver zugeben und zu einem glatten Teig verkneten.
- Aus dem Teig 10 Brötchen formen und auf dem Backblech zugedeckt 10 Minuten ruhen lassen. Brötchen mit verquirltem Eigelb bestreichen und anschließend im heißen Ofen (Mitte) 20 Minuten backen.
- Fertig gebackene Brötchen auf einem Kuchengitter abkühlen lassen.

Kümmelstangen

Ergibt 12 Stück

100 g Reisvollkornmehl
70 g Buchweizen, gemahlen
50 g geröstetes Kichererbsenmehl
250 g Speisestärke
1 TL Meersalz
1 Prise feiner Vollrohrzucker
350 ml Wasser
6 EL natives Kokosöl oder Rapsöl
1 Würfel frische Hefe
1 frisches Ei

Dekoration:
1 frisches Eigelb
1 EL Milch
1 EL grobes Meersalz
1 EL Kümmelsamen

- Mehle, Speisestärke, Salz und Zucker in einer großen Schüssel mischen. In die Mitte eine Mulde drücken. Wasser mit Öl handwarm erwärmen. Hefe hineinbröckeln und verrühren, bis sie sich aufgelöst hat. Anschließend Hefewasser und Ei in die Mehlmulde geben und alles zu einem glatten Teig verkneten. Den Teig in der Schüssel mit einem Geschirrtuch bedeckt 1 Stunde an einem warmen Ort ruhen lassen.
- Backofen auf 200 °C vorheizen. Ein Backblech mit Backpapier belegen. Teig kurz durchkneten, 12 Stangen daraus formen und auf dem Backblech 15 Minuten zugedeckt ruhen lassen.
- Eigelb mit Milch verquirlen und die Teigstangen damit bestreichen. Mit Meersalz und Kümmel bestreuen und im heißen Ofen (Mitte) etwa 30 Minuten backen.
- Fertig gebackene Kümmelstangen auf einem Kuchengitter abkühlen lassen.

Herzhaftes Käsegebäck

Ergibt etwa 40 Stück

150 g Butter
180 g Greyerzer
75 ml Sahne
100 g Buchweizen, gemahlen
50 g geröstetes Kichererbsenmehl
100 g Speisestärke
1 TL Paprikapulver
1 TL Weinsteinbackpulver
1 TL Meersalz
Buchweizenmehl für die Arbeitsfläche

Dekoration:
2 frische Eigelbe
1 EL Wasser
1 EL Kümmelsamen
1 EL Mohn
1 EL Sesam
1 EL grobes Meersalz

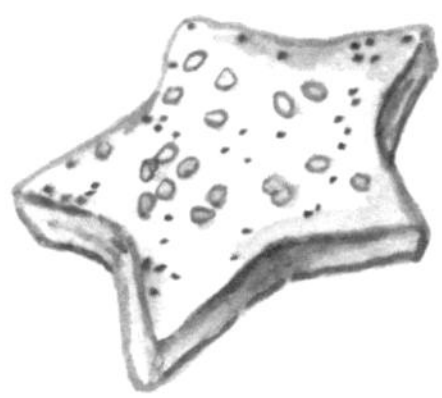

- Butter zerlassen, Käse fein reiben und beides in einer großen Schüssel verrühren. Sahne, die Mehle, Speisestärke, Paprikapulver, Backpulver und Salz dazugeben und unterkneten. Teig in 4 gleich große Stücke teilen und abgedeckt 2 Stunden im Kühlschrank ruhen lassen.
- Backofen auf 200 °C vorheizen. Zwei Backbleche mit Backpapier belegen. Die Teigportionen nacheinander aus dem Kühlschrank nehmen und auf der leicht bemehlten Arbeitsfläche 7 mm dünn ausrollen. Kekse in gewünschter Form ausstechen oder ausschneiden und auf die Backbleche legen.
- Eigelb mit Wasser verquirlen und die Kekse damit bestreichen. Mit Kümmel, Mohn, Sesam oder Salz bestreuen. Kekse im heißen Ofen (Mitte) 12 – 15 Minuten backen. (Bleche nacheinander backen. Beim Backen mit Umluft [bei 160 °C] können beide Bleche gleichzeitig in den Ofen.)
- Fertig gebackene Kekse auf einem Kuchengitter abkühlen lassen.

Kuchen und süßes Gebäck

Mamorkuchen

Butter für die Napfkuchenform
glutenfreies Vollkorn-Paniermehl für die Napfkuchenform
200 g Haselnüsse oder Mandeln
200 g Buchweizen, gemahlen
2 TL Weinsteinbackpulver
200 g Butter, weich
200 g feiner Vollrohrzucker
6 frische Eier
200 ml Milch
2 EL Kakaopulver

- Backofen auf 175 °C vorheizen. Eine Napfkuchenform fetten und mit Paniermehl ausstreuen. Die Haselnüsse oder Mandeln mahlen.
- Mehl, gemahlene Nüsse oder Mandeln und Backpulver mischen. In einer großen Schüssel Butter und Zucker schaumig rühren. Eier einzeln zugeben und verrühren. Nach und nach abwechselnd Mehlmischung und Milch zugeben und alles gut verrühren.
- Die Hälfte des Teiges in die Kuchenform füllen. In die andere Hälfte des Teiges das Kakaopulver einrühren. Den dunklen Teig auf dem hellen Teig Form verteilen. Mit einer Gabel die Teige vermischen.
- Kuchen im heißen Ofen (Mitte) etwa 60 Minuten backen. Mit der Garprobe prüfen, ob der Kuchen fertig gebacken ist (siehe Seite 17). Fertig gebackenen Kuchen aus dem Ofen nehmen, etwas abkühlen lassen, dann vorsichtig aus der Form lösen und auf einem Kuchengitter vollständig abkühlen lassen.

Tipps

- Für einen **Rotweinkuchen** die Milch gegen Rotwein und das Kakaopulver gegen 100 g geraspelte Schokolade tauschen.
- Für einen **Früchtekuchen:** Dafür lässt man das Kakaopulver weg und gibt Rosinen, klein geschnittenes Orangeat und Zitronat sowie grob gehackte Mandeln dazu.
- Der Kuchen kann nach dem Abkühlen noch mit Puderzucker bestäubt werden, mit Kuvertüre oder Zuckerguss überzogen und nach Belieben weiter verziert werden.

Buchweizen-Preiselbeer-Torte

Butter für die Springform (Durchmesser 26 cm)
glutenfreies Vollkorn-Paniermehl für die Springform
1 unbehandelte Bio-Zitrone
5 frische Eier
1 Prise Meersalz
120 g feiner Vollrohrzucker
2 TL Vanillezucker (siehe auch Seite 17)
80 g Buchweizen, gemahlen
80 g Speisestärke
2 TL Weinsteinbackpulver

Füllung und Verzierung:
200 ml Sahne
30 g (2 EL) Speisestärke
400 g Quark
100 g feiner Vollrohrzucker
350 g Preiselbeerkonfitüre
80 g Zartbitterschokolade

- Backofen auf 180 °C vorheizen. Boden und Rand einer Springform fetten und die Form mit Paniermehl ausstreuen.
- Zitrone heiß abwaschen, abtrocknen. Schale der Zitrone fein abreiben. Eier trennen. Eiweiß mit Salz steif schlagen. Eigelb mit Zucker und Vanillezucker schaumig rühren. Zitronenschale dazugeben. Mehl, Speisestärke und Backpulver mischen, über die Eigelbcreme sieben und gleichmäßig verrühren. Eiweiß vorsichtig unterheben und die Masse in die Springform füllen.
- Im heißen Ofen (Mitte) etwa 30 Minuten backen. Fertig gebackenen Kuchen etwas abkühlen lassen, dann vorsichtig aus der Form lösen und auf einem Kuchengitter vollständig abkühlen lassen. Kuchen halbieren, sodass zwei Tortenböden entstehen.

- Für die Füllung Sahne mit Speisestärke kurz aufkochen. Vom Herd nehmen und etwas abkühlen lassen. Dann mit Quark und Zucker gut verrühren. Die Masse in zwei gleich große Portionen teilen. Eine Hälfte mit der Preiselbeerkonfitüre mischen und auf den unteren Tortenboden streichen, dafür gegebenenfalls einen Tortenring zu Hilfe nehmen. Den anderen Tortenboden auflegen. Torte oben und am Rand mit der restlichen Sahne bestreichen.
- Schokolade raspeln und die Torte damit verzieren.

Winterliche Buchweizentorte mit Kirschen

Butter für die Springform (Durchmesser 26 cm)
glutenfreies Vollkorn-Paniermehl für die Springform
150 g Mandeln
100 g Zartbitterschokolade
150 g Buchweizen, gemahlen
30 g (3 ½ – 4 EL) Hanfmehl
1 TL Lebkuchengewürz
6 frische Eier
1 Prise Meersalz
200 g Butter, weich
200 g feiner Vollrohrzucker

Creme und Kirschmasse:
250 g Quark
50 ml Sahne
100 g feiner Vollrohrzucker
etwa 385 g Sauerkirschen aus dem Glas (Abtropfgewicht)
Kirschsaft (Saft der Kirschen aus dem Glas)
1 Päckchen Tortenguss

- Backofen auf 175 °C vorheizen. Boden und Rand einer Springform fetten und die Form mit Paniermehl ausstreuen.
- Mandeln mahlen und Schokolade raspeln. In einer Schüssel die Mehle, Mandeln, Schokolade und Lebkuchengewürz mischen. Eier trennen. Eiweiß mit Salz steif schlagen. Butter mit Zucker cremig rühren, die Eigelbe einzeln unterrühren. Die Mehlmischung zur Buttercreme geben und zu einem Teig verrühren. Eiweiß unterheben und den Teig in die Backform füllen.

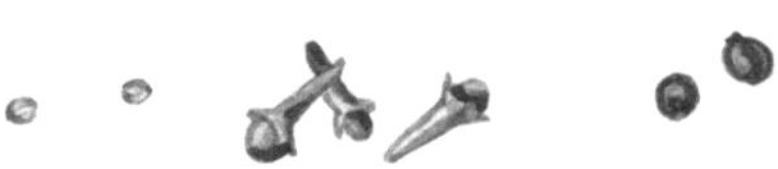

- Im heißen Ofen (Mitte) etwa 30 Minuten backen. Fertig gebackenen Kuchen aus dem Ofen nehmen, etwas abkühlen lassen. Aus der Form lösen und auf einem Kuchengitter vollständig abkühlen lassen.
- Für die Creme Quark, Sahne und 50 g Zucker verrühren. Einen Tortenring um den gebackenen Kuchen spannen. Creme glatt auf dem Kuchen verstreichen.
- Kirschen in einem Sieb abtropfen lassen und den Saft dabei in einem Topf auffangen. Aus Saft, Tortenguss und 50 g Zucker einen Tortenguss nach Packungsanleitung zubereiten. Kirschen zum Guss geben, mischen und kurz abkühlen lassen. Dann gleichmäßig auf der Creme verteilen. Fest werden lassen und den Tortenring vor dem Servieren entfernen.

Quarkküchlein russische Art

Ergibt 12 Stück

100 g Buchweizen, gemahlen
50 g Reisvollkornmehl
200 g Speisestärke
1 Päckchen Trockenhefe
50 g feiner Vollrohrzucker
2 TL Vanillezucker (siehe auch Seite 17)
1 Prise Meersalz
150 g Crème fraîche
100 ml Milch
3 EL Butter oder natives Kokosöl, weich
Buchweizenmehl für die Arbeitsfläche

Belag:
1 unbehandelte Bio-Zitrone
125 g Quark
1 frisches Ei
2 EL feiner Vollrohrzucker
30 g (3 EL) Rosinen
1 frisches Eigelb
1 EL Milch

- Mehle, Speisestärke, Trockenhefe, Zucker, Salz und Vanillezucker in einer Schüssel mischen. Crème fraîche, Milch und Butter oder Öl zugeben und alles zu einem glatten Teig verarbeiten. Teig auf der bemehlten Arbeitsfläche etwa 1 cm dick ausrollen und 12 Kreise (Durchmesser etwa 7 cm) ausstechen.
- Backofen auf 180 °C vorheizen. Zwei Backbleche mit Backpapier belegen und die Teigkreise darauf verteilen.

- Für den Belag die Zitrone heiß abwaschen, abtrocknen. Schale der Zitrone fein abreiben. Mit einem Schneebesen Quark mit Ei, Zucker, Zitronenschale und Rosinen gut verrühren. In die Mitte jedes Teigkreises etwa 1 TL der Quarkmasse geben. Die Teigteilchen etwa 20 Minuten ruhen lassen.
- Eigelb mit Milch verquirlen und die Teigränder damit bestreichen. Im heißen Ofen (Mitte) etwa 25 Minuten backen. (Bleche nacheinander backen. Beim Backen mit Umluft [bei 160 °C] können beide Bleche gleichzeitig in den Ofen.)
- Fertig gebackene Quarkküchlein auf einem Kuchengitter abkühlen lassen.

Rhabarber-Tassentörtchen mit Walnüssen

Ergibt 8 Törtchen

Butter für 8 ofenfeste Tassen
(Volumen jeweils etwa 300 ml)
120 g Marzipanrohmasse
100 g Walnüsse
300 g Rhabarber
200 g Bananen
6 frische Eier
1 Prise Meersalz
250 g Butter, weich
150 g feiner Vollrohrzucker
80 g Buchweizen, gemahlen
120 g Speisestärke
1 TL Weinsteinbackpulver

- Backofen auf 180 °C vorheizen. 8 ofenfeste Tassen fetten oder mit Backpapierkreisen (Durchmesser 20 cm) auslegen. Marzipan fein raspeln. Walnüsse hacken. Rhabarber putzen und Bananen schälen. Rhabarber und Bananen in 1 cm große Stücke schneiden.
- Eier trennen. Eiweiß mit Salz steif schlagen. Butter und Zucker cremig rühren. Marzipan und Eigelb zur Buttercreme geben und gleichmäßig verrühren. Mehl, Speisestärke und Backpulver mischen und nach und nach zugeben. Alles zu einem glatten Teig verrühren. Eiweiß vorsichtig unterheben.
- Zum Schluss Walnüsse, Rhabarber- und Bananenstücke unterheben und den Teig in die Tassen füllen. Die Tassen auf ein Backblech stellen und im heißen Ofen (Mitte) 40 Minuten backen.
- Fertig gebackene Törtchen auf einem Kuchengitter abkühlen lassen. Wurden die Tassen mit Backpapier ausgelegt, kann man die Törtchen zum Abkühlen und Servieren vorsichtig aus den Tassen nehmen. Ansonsten werden sie in den Tassen serviert.

Variante: Haselnuss-Minikuchen im Glas

- Für diese schokoladig nussige Variante 5 bis 6 Backglas-Formen oder ofenfeste Tassen (Volumen jeweils etwa 200 ml) fetten und mit Paniermehl ausstreuen. 140 g Haselnüsse und 50 g Zartbitterschokolade hacken. Den Backofen auf 175 °C vorheizen.
- 3 Eier trennen. Eiweiß mit 1 Prise Meersalz steif schlagen. Eigelb mit 140 g weicher Butter, 150 g feinem Vollrohrzucker und 2 EL Vanillezucker cremig rühren. Gehackte Haselnüsse, Schokolade, 140 g Buchweizenmehl und 2 TL Weinsteinbackpulver zur Eigelbcreme geben und zu einem glatten Teig verrühren. Eischnee unter den Teig heben.
- Teigmasse in die vorbereiteten Gläser füllen und im heißen Ofen (Mitte) etwa 25 Minuten backen. Fertig gebackene Minikuchen auf einem Kuchengitter abkühlen lassen.
- Minikuchen in den Gläsern servieren. Gut schmeckt dazu zum Beispiel auch die Vanillesauce von Seite 157 oder das Himbeerpüree von Seite 156.

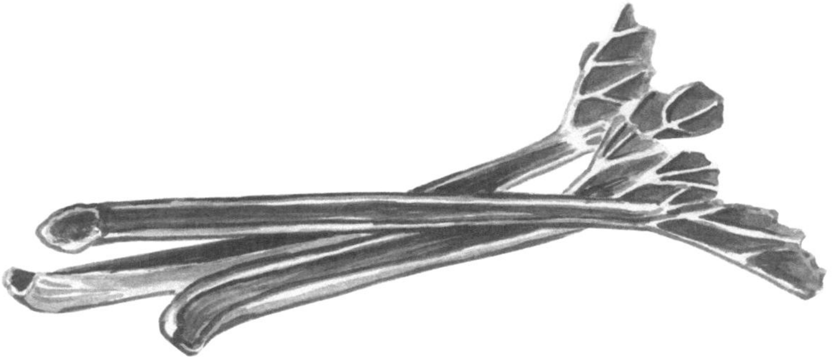

Buchweizen-Mandel-Törtchen mit Orange

Ergibt 12 Törtchen

Butter für 12 Backförmchen
(jeweils etwa 10 × 4 cm [Durchmesser × Höhe])
glutenfreies Vollkorn-Paniermehl für die Backförmchen
1 unbehandelte Bio-Orange
80 g Mandeln
125 g Butter, weich
70 g feiner Vollrohrzucker
2 frische Eier
60 g Buchweizen, gemahlen
60 g Speisestärke
2 TL Weinsteinbackpulver
200 g Roh-Rohrpuderzucker
50 ml Orangensaft

- Backofen auf 175 °C vorheizen. 12 Backförmchen fetten und mit Paniermehl ausstreuen. Orange heiß abwaschen, abtrocknen. Schale der Orange fein abreiben und Saft auspressen. Mandeln fein mahlen.
- Butter mit Zucker und Eiern cremig rühren. Schale und Saft der Orange unterrühren. Nach und nach Mehl, Speisestärke, gemahlene Mandeln und Backpulver dazugeben und gut verrühren. Teig gleichmäßig in die Formen füllen und im heißen Ofen (Mitte) 20 Minuten backen, dabei die Förmchen auf ein Backblech stellen. Fertig gebackene Törtchen auf einem Kuchengitter etwas abkühlen lassen. Dann die Törtchen aus den Formen lösen.
- Puderzucker in eine Schüssel geben. Orangensaft erwärmen, zum Puderzucker geben und zu einer glatten Glasur verrühren. Die noch warmen Törtchen damit glasieren und vollständig abkühlen lassen.

Müslibrezeln

Ergibt 20 Stück

170 g Quark
100 ml Milch
70 g Butter, zerlassen
1 frisches Ei
1 frisches Eigelb
80 g Hanfmehl
50 g Buchweizen, gemahlen
200 g Speisestärke
80 g Buchweizenmüsli (siehe Seite 25 , 26 oder 27)
70 g feiner Vollrohrzucker
1 TL Meersalz
1 Prise Zimt
1 Päckchen Weinsteinbackpulver

- Backofen auf 200 °C vorheizen. Zwei Backbleche mit Backpapier belegen. Quark mit Milch, Butter, Ei und Eigelb in einer Schüssel vermengen. Mehle, Speisestärke, Müsli, Zucker, Salz, Zimt sowie Backpulver dazugeben und alles zu einem Teig verkneten.
- Teig in 20 gleich große Portionen teilen und jeweils zu 1 cm dicken Strängen rollen. Die Stränge zu Brezeln schlingen und auf die Bleche legen. Im heißen Ofen (Mitte) etwa 25 Minuten backen. (Bleche nacheinander backen. Beim Backen mit Umluft [bei 180 °C] können beide Bleche gleichzeitig in den Ofen.)
- Fertig gebackene Brezeln auf einem Kuchengitter abkühlen lassen.

Haselnuss-Buchweizen-Hörnchen

Ergibt 24 Stück

100 g Butter, weich
100 g Frischkäse
1 frisches Eigelb
50 g Buchweizen, gemahlen
100 g Speisestärke
5 g (1 TL) Pfeilwurzstärke
50 g Haselnüsse
100 g feiner Vollrohrzucker

- Butter mit Frischkäse und Eigelb, Mehl, Speisestärke und Pfeilwurzstärke zu einem glatten Teig verkneten. In zwei gleich große Portionen teilen und abgedeckt mindestens 2 Stunden kalt stellen.
- Backofen auf 180 °C vorheizen. Zwei Backbleche mit Backpapier belegen. Haselnüsse mahlen und in einer Schüssel mit dem Zucker mischen. Die Hälfte der Nuss-Zucker-Mischung auf die Arbeitsfläche streuen. Darauf eines der beiden Teigstücke zu einem Kreis ausrollen (Durchmesser 24 cm). In 12 Tortenstücke schneiden. Mit der zweiten Teigportion und dem übrigen Nuss-Zucker ebenso verfahren.
- Jedes Teigstück von der Basisseite her zu einem Hörnchen aufrollen und formen. Auf die Backbleche legen und im heißen Ofen (Mitte) 15 Minuten backen. (Bleche nacheinander backen. Beim Backen mit Umluft [bei 160 °C] können beide Bleche gleichzeitig in den Ofen.)
- Fertig gebackene Nusshörnchen auf einem Kuchengitter abkühlen lassen.

Doppeldecker-Cookies mit Nougat

Ergibt 12 Stück

70 g Buchweizen, gemahlen
30 g (3 ½ – 4 EL) Reisvollkornmehl
100 g Speisestärke
2 TL Weinsteinbackpulver
10 g (2 TL) Pfeilwurzstärke
100 g feiner Vollrohrzucker
2 TL Vanillezucker (siehe auch Seite 17)
1 unbehandelte Bio-Zitrone
150 g Butter, weich
2 frische Eier
200 g Nougatmasse

- Mehle mit Speisestärke, Backpulver, Pfeilwurzstärke, Zucker und Vanillezucker in einer Schüssel mischen. Zitrone heiß abwaschen, abtrocknen. Schale der Zitrone fein abreiben und zur Mehlmischung geben. Butter und Eier dazugeben und alles zu einem glatten Teig verkneten. Teig zu einer Rolle formen (Durchmesser 5 cm) und abgedeckt mindestens 2 Stunden kalt stellen.
- Backofen auf 180 °C vorheizen und zwei Backbleche mit Backpapier belegen. Teigrolle in 24 jeweils 5 mm dicke Scheiben schneiden. Auf die Backbleche legen und im heißen Ofen (Mitte) etwa 12 Minuten backen. (Bleche nacheinander backen. Beim Backen mit Umluft [bei 160 °C] können beide Bleche gleichzeitig in den Ofen.)
- Fertig gebackene Kekse auf einem Kuchengitter abkühlen lassen.
- Nougat im heißen Wasserbad leicht erwärmen und streichfähig rühren. Dann Nougat jeweils auf die Unterseite der Cookies auftragen und die Kekse paarweise zusammensetzen.

Gefüllte Ingwerplätzchen

Ergibt etwa 30 Stück

1 unbehandelte Bio-Orange
200 g Buchweizen, gemahlen
50 g geröstetes Kichererbsenmehl
20 g (2 ½ EL) Hanfmehl
1 frisches Ei
1 frisches Eigelb
50 g Honig, weich
100 g Butter, weich
Buchweizenmehl für die Arbeitsfläche
50 g Ingwerkonfitüre
Roh-Rohrpuderzucker zum Bestäuben

- Orange heiß abwaschen, abtrocknen. Schale der Orange fein abreiben. Mehle mit Ei, Eigelb, Honig, Butter und Orangenschale in einer Schüssel zu einem glatten Teig verkneten. Teig abgedeckt mindestens 1 Stunde kalt stellen.
- Backofen auf 180 °C vorheizen. Zwei Backbleche mit Backpapier belegen. Teig auf der bemehlten Arbeitsfläche 3 – 5 mm dünn ausrollen. In 5 × 5 cm große Quadrate schneiden. Aus der Hälfte der Teigquadrate mittig ein Motiv ausstechen. Die ausgestochenen Teigreste erneut ausrollen, zuschneiden und ausstechen, bis der Teig aufgebraucht ist.
- Alle Teigstücke (ganze Quadrate und solche mit Motiv) auf die Backbleche legen und im heißen Ofen (Mitte) 6 – 8 Minuten goldbraun backen. (Bleche nacheinander backen. Beim Backen mit Umluft [bei 160 °C] können beide Bleche gleichzeitig in den Ofen.)
- Fertig gebackene Plätzchen mit Backpapier auf ein Kuchengitter ziehen. Die ganzen Quadrate noch heiß mit Ingwerkonfitüre bestreichen und jeweils ein Motivquadrat auflegen. Mit Puderzucker bestäuben und auf dem Kuchengitter abkühlen lassen.

Lebkuchenkekse

Ergibt etwa 40 Stück

50 g Honig
1 ½ EL feiner Vollrohrzucker
1 ½ EL Butter
1 Prise Meersalz
1 frisches Ei
50 g Buchweizen, gemahlen
80 g Speisestärke
2 EL Kakaopulver
1 TL Weinsteinbackpulver
1 TL Lebkuchengewürz
Buchweizenmehl für die Arbeitsfläche
150 g Roh-Rohrpuderzucker
1 EL Wasser, heiß
2 EL Pistazien, gehackt

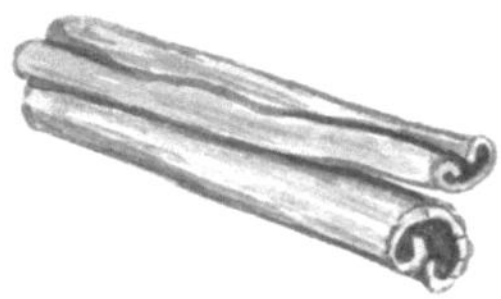

- In einem Topf Honig, Zucker, Butter und Salz unter Rühren bei mittlerer Hitze erwärmen. So lange rühren, bis sich der Zucker gelöst hat und eine glatte Masse entstanden ist. Den Topf vom Herd nehmen, die Masse in eine Schüssel füllen und abkühlen lassen.
- Dann das Ei unter die Honigmasse rühren. Nach und nach Mehl, Speisestärke, Kakaopulver, Backpulver und Lebkuchengewürz dazugeben, unterrühren und zu einem glatten Teig verkneten. Den Teig abgedeckt mindestens 1 – 2 Stunden kalt stellen.
- Backofen auf 180 °C vorheizen. Zwei Backbleche mit Backpapier belegen. Den Teig auf der bemehlten Arbeitsfläche 5 mm dünn ausrollen. Mit einem Ausstecher Formen ausstechen und auf die Backbleche legen. Teigreste erneut ausrollen und ausstechen, bis der Teig aufgebraucht ist. Kekse im heißen Ofen (Mitte) 8 – 10 Minuten backen. (Bleche nacheinander backen. Beim Backen mit Umluft [bei 160 °C] können beide Bleche gleichzeitig in den Ofen.)
- Fertig gebackene Kekse mit Backpapier auf ein Kuchengitter ziehen. In einer Schüssel Puderzucker mit Wasser zu einer glatten Glasur verrühren und die Kekse damit bestreichen. Mit Pistazien bestreuen und vollständig abkühlen lassen.

Gebackene Lollis

Ergibt etwa 30 Stück

250 g Quark
60 ml Milch
80 g Butter, zerlassen
250 g Buchweizen, gemahlen
50 g Hanfmehl
200 g Speisestärke
2 TL Weinsteinbackpulver
140 g feiner Vollrohrzucker
2 frische Eier
Buchweizenmehl für die Arbeitsfläche
200 g Himbeerkonfitüre oder Erdbeerkonfitüre

außerdem:
etwa 30 Holzspieße

- Quark, Milch und Butter in einer Schüssel verrühren. Mehle, Speisestärke, Backpulver, Zucker und Eier zugeben und alles zu einem glatten Teig verkneten.
- Backofen auf 180 °C vorheizen. Zwei Backbleche mit Backpapier belegen. Teig auf der bemehlten Arbeitsfläche 3 – 4 mm dünn zu einem Rechteck ausrollen (30 × 20 cm). Konfitüre leicht erwärmen und auf die Teigplatte streichen. Dabei an der oberen langen Seite einen 2 cm breiten Rand freilassen.
- Teig von unten nach oben aufrollen. Dann die Rolle in 1 cm breite Scheiben schneiden und die Stücke auf die Backbleche legen. Dabei zwischen den Scheiben etwas Platz lassen, weil der Teig beim Backen aufgeht.
- Die Lollis im heißen Ofen (Mitte) 20 – 30 Minuten backen. (Bleche nacheinander backen. Beim Backen mit Umluft [bei 160 °C] können beide Bleche gleichzeitig in den Ofen.) Fertig gebackene Lollis aus dem Ofen nehmen. In jeden Lolli einen Holzspieß stecken und auf einem Kuchengitter abkühlen lassen.

Karamell-Schoko-Finger

Ergibt 10 bis 15 Stück

30 g (3 ½ – 4 EL) Buchweizen, gemahlen
30 g (2 EL) Mandelmehl
40 g (2 gehäufte EL) Speisestärke
100 g feiner Vollrohrzucker
100 g Butter
1 frisches Ei
1 EL Vanillezucker (siehe auch Seite 17)

Karamellmasse:
225 g feiner Vollrohrzucker
150 g Butter
90 ml Wasser
60 ml Sahne

Schokoüberzug:
200 g Zartbitterkuvertüre
80 g Butter

- Backofen auf 190 °C vorheizen. Ein Backblech mit Backpapier belegen. Mehle, Speisestärke und Zucker mit Butter, Ei und Vanillezucker in einer Schüssel glatt verkneten. Den Teig zu einem 1 cm dicken Rechteck ausrollen (etwa 15 × 15 cm groß) und auf das Blech legen. Im heißen Ofen (Mitte) 15 – 20 Minuten backen. Fertig gebackenen Teig auf ein Kuchengitter ziehen und abkühlen lassen.
- Für die Karamellmasse in einem Topf Zucker, Butter und Wasser zum Kochen bringen. Auf höchster Stufe 3 – 4 Minuten kochen, bis das Wasser verdampft ist und die Masse hellbraun wird. Topf vom Herd nehmen und Sahne zugeben. Unter Rühren erkalten lassen. Die erkaltete Masse auf den Teig streichen und 1 Stunde kalt stellen.
- Für den Schokoüberzug die Kuvertüre zerkleinern und mit der Butter im Wasserbad bei mäßiger Temperatur schmelzen, dabei gut verrühren. Schokomasse auf die Karamellschicht gießen, glatt streichen und kühl gestellt fest werden lassen. Die Platte in 1 cm breite Streifen schneiden. Bis zum Verzehr im Kühlschrank lagern.

Haselnuss-Buchweizen-Ecken

Ergibt etwa 30 Stück

50 g Buchweizen, gemahlen
30 g (3 ½ – 4 EL) geröstetes Kichererbsenmehl
150 g Speisestärke
100 g feiner Vollrohrzucker
100 g Butter
1 frisches Ei
1 frisches Eigelb
Butter für das Backblech

Belag und Schokoverzierung:
60 g Haselnüsse
30 g (5 – 8 EL) Buchweizenmüsli (siehe Seite 25, 26 oder 27)
150 g Butter
100 g Honig
2 TL Vanillezucker (siehe auch Seite 17)
3 EL Wasser
30 g (3 – 4 EL) Amarantflocken
30 g (3 EL) Rosinen
150 g Haselnüsse, gehobelt
1 MSP gemahlene Tonkabohne
60 g Hagebuttenkonfitüre
150 g Vollmilchkuvertüre

➤ Mehle und Stärke in einer Schüssel mischen. Zucker, Butter, Ei und Eigelb dazugeben und zu einem glatten Teig verkneten. Ein Backblech fetten und den Teig auf dem Backblech ausrollen. Backofen auf 180 °C vorheizen.

- Für den Belag die Haselnüsse mahlen. Buchweizenmüsli mit Butter, Honig, Vanillezucker und Wasser vorsichtig in einem Topf erwärmen und dabei den Honig und die Butter schmelzen. Topf vom Herd nehmen, etwas abkühlen lassen. Amarantflocken, Rosinen, gemahlene und gehobelte Haselnüsse und Tonkabohne zur Müslimasse geben und vermischen.
- Hagebuttenkonfitüre leicht erwärmen und auf den Teig streichen. Nussbelag gleichmäßig darauf verteilen und glatt streichen. Kuchen im heißen Ofen (Mitte) etwa 25 Minuten backen.
- Fertig gebackene Teigplatte 15 Minuten auf dem Backblech abkühlen lassen. Dann in 8 cm große Quadrate schneiden und diese zu Dreiecken halbieren.
- Kuvertüre zerkleinern und im Wasserbad bei mäßiger Temperatur vorsichtig schmelzen. Die spitzen Ecken der Gebäckstücke in die Kuvertüre tauchen, die Stücke auf ein Kuchengitter oder Backpapier legen und die Kuvertüre fest werden lassen.

Fingerfood

Pfannkuchenrollen mit Meerrettich

Ergibt 8 Pfannkuchen

175 g Buchweizen, gemahlen
100 g geröstetes Kichererbsenmehl
100 g Speisestärke
425 ml Milch
2 frische Eier
Meersalz
1 Prise feiner Vollrohrzucker
30 g frische Meerrettichwurzel
½ Zitrone
200 g Frischkäse
Pfeffer, frisch gemahlen
Butter zum Ausbacken

- Mehle und Speisestärke in einer Schüssel mischen. Milch, Eier, 1 TL Salz und Zucker dazugeben und mit einem Schneebesen zu einem glatten Pfannkuchenteig vermengen. Diesen mindestens 1 Stunde kalt stellen.
- Meerrettich fein reiben. Saft der Zitrone auspressen. Frischkäse mit Meerrettich und Zitronensaft glatt rühren und mit Salz und Pfeffer würzen.
- In einer Pfanne etwas Butter erhitzen. Darin aus dem Teig nacheinander 8 Pfannkuchen jeweils 1 – 2 Minuten pro Seite goldbraun ausbacken.
- Die fertigen Pfannkuchen mit Meerrettichfrischkäse bestreichen, aufrollen und servieren.

Blini mit Belugalinsen

Ergibt 12 Blini

175 ml Milch
½ TL feiner Vollrohrzucker
20 g frische Hefe
2 frische Eier
80 g Buchweizen, gemahlen
100 g Speisestärke
Meersalz
4 EL Butter oder natives Kokosöl zum Ausbacken

Linsengemüse und Crème fraîche:
125 g Belugalinsen
Wasser zum Garen der Linsen
½ Bund Frühlingszwiebeln
5 Blätter Zitronenmelisse
½ Bund Schnittlauch
1 Zitrone
3 EL Walnussöl
Meersalz
Pfeffer, frisch gemahlen
200 g Crème fraîche
1 EL Olivenöl

- Milch mit Zucker handwarm erwärmen. Hefe hineinbröckeln und auflösen. Eier trennen. Eigelb zur Hefemilch geben und verrühren. Eiweiß kalt stellen.
- Mehl, Speisestärke und ½ TL Salz in einer Schüssel mischen. Hefe-Eigelb-Milch dazugeben und zu einem glatten Teig verrühren. Zugedeckt an einem warmen Ort 40 Minuten ruhen lassen.

- In der Zwischenzeit Linsen in ausreichend Wasser 15 – 20 Minuten bissfest garen. Gegebenenfalls abgießen und gut abtropfen lassen. Frühlingszwiebeln putzen und sehr klein schneiden. Zitronenmelisse und Schnittlauch fein hacken. Saft der Zitrone auspressen. In einer Schüssel Linsen, Frühlingszwiebeln und Kräuter mit Walnussöl und Zitronensaft vermengen, mit Salz und Pfeffer würzen.
- Crème fraîche mit Olivenöl glatt rühren und mit Salz und Pfeffer abschmecken.
- Weiter für die Blini Eiweiß mit 1 Prise Salz steif schlagen und unter den Teig heben. In einer Pfanne Butter oder Öl erhitzen. Darin aus dem Teig nacheinander 12 Pfannkuchen (Durchmesser etwa 7 cm) jeweils etwa 2 Minuten pro Seite goldbraun ausbacken. Fertig gebratene Blini auf Küchenpapier abtropfen lassen.
- Blini mit Linsengemüse und Crème fraîche garnieren und servieren.

Kresseomelettes mit Steinpilzen und Bergkäse

Ergibt 8 Omelettes

100 g Buchweizen, gemahlen
100 g Speisestärke
4 frische Eier
200 ml Milch
Meersalz
Pfeffer, frisch gemahlen
Muskat, frisch gerieben
100 g Bergkäse
200 g Steinpilze
½ Bund Frühlingszwiebeln
2 EL Butter zum Ausbacken
1 – 2 Schälchen Kresse

- Mehl und Speisestärke in einer Schüssel vermengen. Eier und Milch dazugeben und zu einem glatten Teig verrühren. Mit Salz, Pfeffer und Muskat würzen. Teig 30 Minuten quellen lassen.
- Bergkäse grob reiben und in 8 gleich große Portionen teilen. Steinpilze putzen und in Scheiben schneiden. Frühlingszwiebeln putzen und feine Ringe schneiden. Pilze und Zwiebeln mischen und ebenfalls in 8 Portionen teilen.
- Etwas Butter in einer Pfanne erhitzen. Darin eine Portion der Pilz-Zwiebel-Mischung etwa 2 Minuten anbraten. Eine Portion Teig darübergießen. Mit einer Portion Bergkäse bestreuen und zugedeckt bei kleiner Hitze 5 – 10 Minuten stocken lassen. Mit den restlichen Zutaten ebenso verfahren und insgesamt 8 Omelettes zubereiten.
- Kresse ernten, auf die Omelettes geben und servieren.

Kartoffelküchlein mit Thymian

Ergibt 10 Stück

800 g mehligkochende Kartoffeln
Meersalz
120 g Butter
50 g Buchweizen, gemahlen
100 g Speisestärke
60 ml Milch
50 g Bergkäse
4 Zweige Thymian
1 EL Kümmelsamen
grobes Meersalz

- Kartoffeln schälen und in große Stücke schneiden. In ausreichend Wasser mit etwas Salz gar kochen. Kochwasser abgießen und die Kartoffeln noch heiß durch die Kartoffelpresse drücken oder mit einem Kartoffelstampfer zerdrücken. Kartoffelmasse mit ½ TL Salz verrühren und auskühlen lassen.
- Die Hälfte der Butter schmelzen. Mit Mehl und Speisestärke unter die Kartoffelmasse kneten. Milch zugießen, sodass ein gut formbarer Teig entsteht. Den Teig in 10 gleich große Stücke teilen und zu Kugeln formen.
- Backofen auf 200 °C vorheizen. Ein Backblech mit Backpapier belegen. Die Teigkugeln auf das Backblech legen und zu 1 cm dicken Fladen flach drücken.
- Bergkäse reiben. Thymian klein hacken. Den Käse mit Thymian und Kümmel auf den Teigfladen verteilen. Restliche Butter in kleinen Flöckchen aufsetzen und die Küchlein im heißen Ofen etwa 25 Minuten goldbraun backen.
- Mit grobem Meersalz bestreut servieren.

Buchweizenbratlinge

2 Knoblauchzehen
2 Zweige Rosmarin
½ l Gemüsebrühe
250 g Buchweizengrütze
2 Zwiebeln
100 g Möhren
100 g Zucchini
3 EL Butter
Meersalz
Pfeffer, frisch gemahlen
1 frisches Ei
2 EL scharfes Tomatenmark
½ TL gemahlener Kreuzkümmel
4 – 5 EL Sesam

- Knoblauch schälen und klein schneiden. Rosmarinnadeln abzupfen und klein hacken. In einem Topf die Gemüsebrühe aufkochen. Knoblauch, Rosmarin und Buchweizengrütze einrühren. Zugedeckt bei mäßiger Hitze etwa 15 Minuten garen oder quellen lassen, dabei ab und zu umrühren. Dann in eine große Schüssel geben und abkühlen lassen.
- Die Zwiebeln schälen und fein würfeln. Möhren und Zucchini putzen und mit einem Sparschäler oder Spiralschneider in feine Streifen schneiden. 1 EL Butter in einer Pfanne erhitzen. Darin Zwiebeln, Möhren und Zucchini 5 Minuten braten. Salzen und pfeffern.
- Möhren-Zucchini-Mischung, Ei, Tomatenmark und Kreuzkümmel zum Buchweizen geben und gründlich vermengen. Mit feuchten Händen aus der Masse Bällchen, Röllchen oder kleine Fladen formen. In Sesam wenden.
- In einer Pfanne 2 EL Butter erhitzen. Darin die Bratlinge rundherum goldbraun braten. Auf Küchenpapier abtropfen lassen und servieren.

Schnelle Buchweizenburger

Ergibt 8 Stück

150 g Buchweizen, geschrotet
300 ml Gemüsebrühe
Meersalz
Pfeffer, frisch gemahlen
1 Zwiebel
90 g glutenfreies Vollkorn-Paniermehl
15 g (3 TL) Pfeilwurzstärke
1 frisches Ei
2 Tomaten
8 – 10 cm Salatgurke
400 g Feta
Butter zum Braten
3 EL Tomatenketchup
2 EL Senf
8 Blätter Kopfsalat

- In einem Topf Buchweizenschrot mit Gemüsebrühe aufkochen. Zugedeckt bei mäßiger Hitze etwa 15 Minuten garen oder quellen lassen, dabei ab und zu umrühren. In ein Sieb geben und abtropfen lassen. Dann in eine Schüssel füllen und mit Salz und Pfeffer würzen. Backofen auf 200 °C vorheizen. Ein Backblech mit Backpapier belegen.
- Zwiebel schälen und fein würfeln. Paniermehl, Pfeilwurzstärke, Ei und Zwiebel zum Buchweizen geben und zu einem Teig verkneten, dabei abschmecken. Teig in 8 gleich große Portionen teilen und zu Bällchen formen. Bällchen etwas flach drücken und auf dem Backblech im heißen Ofen (Mitte) etwa 20 Minuten backen. Fertig gebackene Burger auf einem Kuchengitter abkühlen lassen.
- Tomaten und Gurke in dünne Scheiben schneiden. Feta in 8 gleich große Scheiben schneiden. In einer Pfanne etwas Butter erhitzen und den Käse darin auf beiden Seiten kurz(!) anbraten.
- Burger waagerecht aufschneiden. Ketchup und Senf verrühren, jeweils die Innenseite der unteren Burgerhälften damit bestreichen. Mit Salatblatt, Tomaten und Gurkenscheiben sowie Käse belegen. Die oberen Burgerhälften auflegen und die Burger servieren.

Party-Frikadellen mit Frischkäsecreme

Ergibt 20 Stück

600 g mehligkochende Kartoffeln
Meersalz
1 Gemüsezwiebel
½ Bund Suppengemüse (Knollensellerie, Möhren, Lauch)
4 EL natives Kokosöl oder Rapsöl
250 g Buchweizengrütze
1 frisches Ei
Pfeffer, frisch gemahlen
Muskat, frisch gerieben
150 g Ziegenfrischkäse
etwa 3 EL Milch
1 Schälchen Kresse

- Kartoffeln schälen und in große Stücke schneiden. In ausreichend Wasser mit etwas Salz gar kochen. Kochwasser abgießen und die Kartoffeln noch heiß durch die Kartoffelpresse drücken oder mit einem Kartoffelstampfer zerdrücken.
- Zwiebel schälen und klein würfeln. Suppengemüse putzen und in kleine Würfelchen schneiden. In einer Pfanne 1 – 2 EL Öl erhitzen. Darin das Gemüse 3 Minuten andünsten. Buchweizengrütze zugeben und zugedeckt bei mäßiger Hitze 4 – 5 Minuten mitdünsten.
- In einer Schüssel Kartoffelmasse mit Gemüse-Buchweizen-Masse und Ei vermengen. Mit Salz, Pfeffer und Muskat würzen. 20 kleine Frikadellen aus der Masse formen.
- 2 – 3 EL Öl in einer Pfanne erhitzen. Darin die Frikadellen jeweils 2 – 3 Minuten oder so lange pro Seite braten, bis sie knusprig sind. Fertige Frikadellen auf Küchenpapier abtropfen lassen.
- Ziegenfrischkäse mit Milch cremig rühren. Je nach Würze des Käses mit Salz und Pfeffer abschmecken. Kresse ernten und unterrühren. Frikadellen mit Käsecreme servieren.

Spitzkohl-Bratlinge mit Buchweizensprossen

Ergibt etwa 8 Stück

400 g mehligkochende Kartoffeln
Meersalz
700 g Spitzkohl
100 g Möhren
150 ml Gemüsebrühe
80 g glutenfreies Vollkorn-Paniermehl
20 g (1 gehäufter EL) Speisestärke
60 g Buchweizensprossen (siehe Seite 22)
1 TL Petersilie, frisch gehackt
1 TL Kerbel, frisch gehackt
2 frische Eigelbe
1 TL Currypulver
Pfeffer, frisch gemahlen
2 EL natives Kokosöl oder Rapsöl zum Braten

- Kartoffeln in ausreichend Wasser mit etwas Salz gar kochen. Kochwasser abgießen, Kartoffeln pellen und noch heiß durch die Kartoffelpresse drücken oder mit einem Kartoffelstampfer zerdrücken.
- Spitzkohl putzen und in feine Streifen schneiden. Möhren putzen und fein reiben. Gemüsebrühe aufkochen. Kohlstreifen und Möhrenraspel darin bei mittlerer Hitze etwa 10 Minuten bissfest garen. In ein Sieb geben und gut abtropfen lassen.
- Kartoffelbrei mit Paniermehl, Speisestärke, dem Spitzkohl-Möhren-Gemüse, Buchweizensprossen, Kräutern, Eigelb und Currypulver zu einem Teig verkneten. Mit Salz und Pfeffer würzen. Aus dem Teig 8 Bratlinge formen.
- In einer Pfanne das Öl erhitzen. Darin die Bratlinge jeweils etwa 3 Minuten oder so lange pro Seite braten, bis sie knusprig sind. Die Bratlinge heiß oder kalt servieren.

Teigtäschchen mit Mozzarella-Pilz-Füllung

Ergibt 20 Stück

100 g Buchweizen, gemahlen
100 g geröstetes Kichererbsenmehl
100 g Reisvollkornmehl
200 g Speisestärke
10 g (2 TL) Pfeilwurzstärke
400 ml Wasser
2 Päckchen Trockenhefe
½ TL feiner Vollrohrzucker
2 – 3 EL Olivenöl
1 TL Meersalz
Buchweizenmehl für die Arbeitsfläche

Füllung:
1 Knoblauchzehe
500 g Champignons
200 g getrocknete Tomaten
150 g Oliven, entsteint
200 g Mozzarella
2 EL Olivenöl
1 EL Oregano, frisch gehackt
1 EL Basilikum, frisch gehackt
1 EL Thymian, frisch gehackt

- Mehle, Speisestärke und Pfeilwurzstärke in einer Schüssel mischen. In die Mitte eine Mulde drücken. Wasser handwarm erwärmen. Trockenhefe und Zucker im Wasser verrühren, in die Mehlmulde gießen und einrühren. Öl und Salz dazugeben und alles zu einem glatten Teig verkneten. Zugedeckt 30 Minuten an einem warmen Ort ruhen lassen.
- Backofen auf 200 °C vorheizen. Zwei Backbleche mit Backpapier belegen.

Variante: Teigtäschchen mit Mangoldfüllung

Die Teigtaschen schmecken auch mit einer Mangoldfüllung gut.

- Dafür von 6 Stängeln Mangold die Blätter und Stiele getrennt in dünne Streifen schneiden. 1 Zwiebel und 2 Knoblauchzehen schälen und sehr klein würfeln. 400 g Champignons putzen und klein würfeln.
- In einer Pfanne 2 EL Butter oder Rapsöl erhitzen. Darin Zwiebel, Knoblauch, Pilze und Mangoldstiele kurz anbraten. Mangoldblätter dazugeben und zusammenfallen lassen. Dann Pfanneninhalt in eine Schüssel geben. Mit 100 g Crème fraîche und je 1 EL frisch gehacktem Thymian und Oregano verrühren, mit Meersalz und frisch gemahlenem Pfeffer würzen.
- Mit dieser Mischung die Teigstücke wie im Rezept beschrieben füllen. Eventuell mit einer Gabel kleine Löcher in die gefüllten Taschen stechen, damit der Dampf beim Backen entweichen kann. Anschließend wie angegeben backen.

- Für die Füllung Knoblauch schälen und fein schneiden. Champignons putzen und ebenso wie Tomaten, Oliven und Mozzarella klein würfeln. In einer Pfanne das Öl erhitzen. Darin die Pilze 2 Minuten anbraten. Anschließend alle Zutaten der Füllung gut miteinander vermengen.
- Teig in 20 gleich große Portionen teilen und auf der bemehlten Arbeitsfläche zu dünnen Kreisen ausrollen (Durchmesser 12 cm). Jeweils etwa 1 EL Füllung auf jedem Teigkreis verteilen und den Teig über der Füllung zu einer halbkreisförmigen Tasche zusammenlegen. Die Teigränder mit einer Gabel fest zusammendrücken.
- Teigtaschen auf die Bleche legen und im heißen Ofen (Mitte) 15 – 20 Minuten backen. (Bleche nacheinander backen. Beim Backen mit Umluft [bei 180 °C] können beide Bleche gleichzeitig in den Ofen.)
- Fertig gebackene Teigtaschen warm oder kalt servieren.

Pikante Erdnussschnecken

Ergibt 24 Stück

75 g Buchweizen, gemahlen
50 g Reisvollkornmehl
50 g Hirsemehl
200 g Speisestärke
200 ml Wasser
1 Päckchen Trockenhefe
1 EL feiner Vollrohrzucker
2 TL Meersalz
3 EL Olivenöl
200 g Erdnüsse, geröstet und gesalzen
200 g Frühlingszwiebeln
150 g Emmentaler
150 g Crème fraîche
½ TL Chilipulver
Pfeffer, frisch gemahlen
Buchweizenmehl für die Arbeitsfläche
1 frisches Eigelb, verquirlt

- Mehle und Speisestärke in einer Schüssel mischen. In die Mitte eine Mulde drücken. Das Wasser handwarm erwärmen (knapp 40 °C). Hefe und Zucker im Wasser verrühren, in die Mehlmulde gießen und einrühren. 1 TL Salz und Öl zugeben und zu einem glatten Teig verkneten. Zugedeckt an einem warmen Ort 20 Minuten ruhen lassen.
- Backofen auf 200 °C vorheizen. Zwei Bleche mit Backpapier belegen. Für die Füllung Erdnüsse und Frühlingszwiebeln klein schneiden. Emmentaler reiben. Nüsse, Zwiebeln und Emmentaler mit Crème fraîche verrühren. Mit 1 TL Salz, Chili und Pfeffer abschmecken.
- Teig auf der bemehlten Arbeitsfläche 1 cm dick zu einem Rechteck ausrollen. Mit der Füllmasse bestreichen und von einer der längeren Seiten her aufrollen. Rolle in 24 Scheiben schneiden und diese auf die Bleche legen. Mit Eigelb bestreichen und im heißen Ofen (Mitte) 20 Minuten backen. (Bleche nacheinander backen. Beim Backen mit Umluft [bei 180 °C] können beide Bleche gleichzeitig in den Ofen.) Warm oder kalt servieren.

Buchweizen-Käse-Törtchen

Ergibt 8 Törtchen

70 g Buchweizen, gemahlen
150 g Speisestärke
170 g Butter
80 g Quark
4 frische Eier
3 EL Wasser
Meersalz
Butter für 8 Tartelletteförmchen (Durchmesser jeweils 12 cm)
glutenfreies Vollkorn-Paniermehl für die Tartelletteförmchen
100 g Ricotta
100 ml Sahne
½ TL Paprikapulver
Pfeffer, frisch gemahlen
1 TL Oregano, frisch gehackt
1 TL Basilikum, frisch gehackt
200 g Bergkäse

- Mehl und Speisestärke in einer Schüssel mischen. Mit Butter, Quark, 1 Ei, Wasser und 1 TL Salz zu einem glatten Teig verkneten. Den Teig abgedeckt 1 Stunde kalt stellen.
- Backofen auf 190 °C vorheizen. 8 Tartelletteförmchen fetten und mit Paniermehl ausstreuen. Den Teig in 8 gleich große Portionen teilen und die Förmchen damit auskleiden, dafür die Teigstücke flach drücken oder ausrollen.
- In einer Schüssel Ricotta mit Sahne und 3 Eiern verrühren. Mit Salz, Pfeffer und Paprikapulver würzen. Oregano und Basilikum unterrühren. Die Füllung gleichmäßig auf die Förmchen verteilen. Bergkäse reiben und auf die Füllung streuen. Törtchen im heißen Ofen (Mitte) etwa 25 Minuten backen, dabei auf ein Backblech oder Gitter stellen.
- Fertig gebackene Törtchen aus dem Ofen nehmen, vorsichtig aus den Formen lösen und auf einem Kuchengitter abkühlen lassen.

Blumenkohl im Bierteig mit Dip

1 Blumenkohl
2 frische Eier
250 g Buchweizen, gemahlen
20 g (2 ½ – 3 TL) Tapiokastärke
¼ l alkoholfreies helles Bier
1 EL Rapsöl
Meersalz
Pfeffer, frisch gemahlen
natives Kokosöl zum Ausbacken

Dip:
250 g Tomaten
1 Zwiebel
120 g Zucchini
1 frische rote Chilischote
250 g feiner Vollrohrzucker
100 ml Himbeer-Balsamico
1 TL Thymian, frisch gehackt
1 TL Tomatenmark
Meersalz
Pfeffer, frisch gemahlen

- Für den Dip die Tomaten kurz mit heißem Wasser überbrühen. Anschließend häuten, entkernen und klein würfeln. Zwiebel schälen und ebenso wie die Zucchini klein würfeln. Chilischote klein hacken, dabei nach Geschmack entkernen.
- In einem Topf Zucker und Essig verrühren und das Gemüse zugeben. 30 Minuten bei mittlerer Hitze sämig kochen. Dabei gelegentlich umrühren. Thymian und Tomatenmark unterrühren und mit Salz und Pfeffer abschmecken.

- Für den ausgebackenen Blumenkohl den Blumenkohl putzen und in mundgerechte Röschen teilen. In etwas Wasser bissfest garen, dann abtropfen lassen. Die Eier trennen. Mehl, Tapiokastärke, Bier, Eigelb und Öl in einer Schüssel glatt rühren. Mit Salz und Pfeffer würzen. Eiweiß mit 1 Prise Salz steif schlagen und unterheben.
- Öl zum Ausbacken in einem hohen Topf erhitzen. Blumenkohl mit einer Gabel aufspießen, in den Teig tauchen und im heißen Öl goldbraun ausbacken. Auf Küchenpapier abtropfen lassen und mit dem Dip servieren.

Feines aus der Pfanne

Mini-Pfannkuchenpizzen mit Tomaten und Rucola

Ergibt 16 Stück

600 ml Milch
8 frische Eier
200 g Buchweizen, gemahlen
200 g Speisestärke
1 TL Meersalz
20 Kirschtomaten
1 Bund Rucola
250 g Mozzarella
50 g Parmesan
natives Kokosöl, Rapsöl oder Butter zum Ausbacken

- Mit einem Schneebesen Milch, Eier, Mehl, Speisestärke und Salz in einer Schüssel zu einem glatten Pfannkuchenteig verrühren. Den Teig 10 Minuten ruhen lassen.
- Tomaten in dünne Scheiben schneiden. Rucola putzen, die Stiele um 2 cm kürzen. Mozzarella in kleine Würfelchen schneiden. Parmesan reiben oder hobeln.
- Etwas Öl oder Butter zum Braten in einer Pfanne erhitzen. Darin aus dem Teig bei mittlerer Hitze nacheinander 16 Pfannkuchen ausbacken: pro Pfannkuchen zunächst 2 Minuten braten, dann den Pfannkuchen wenden, mit Tomatenscheiben und Mozzarellawürfeln belegen und zugedeckt 2 – 3 Minuten fertig backen. Auf diese Weise alle Pfannkuchen zubereiten.
- Fertig gebackene Pfannkuchen mit Rucola und Parmesan bestreut servieren.

Tipps

- Die kleinen Pfannkuchen können auch als Fingerfood serviert werden.
- Wer es süß mag, belegt die Pfannkuchen nach dem Wenden nicht mit Tomaten und Käse, sondern mit süßem Obst, zum Beispiel mit Bananen oder Beeren. Zusätzlich oder stattdessen schmecken die Pfannkuchen in der süßen Variante auch mit Quark und Konfitüre bestrichen gut – zum Beispiel zum Frühstück.

Nudel-Gemüse-Pfanne

500 g Buchweizennudeln
(zum Beispiel Bandnudeln, Sorte nach Geschmack)
Meersalz
150 g frische oder tiefgekühlte junge Erbsen
2 rote Paprikaschoten
2 gelbe Paprikaschoten
1 Zucchino
1 Stange Lauch
100 g gegarte Maiskörner aus dem Glas
3 EL natives Kokosöl, Rapsöl oder Olivenöl
½ Bund Bärlauch
½ Bund Petersilie
½ Bund Schnittlauch
Pfeffer, frisch gemahlen
edelsüßes Paprikapulver

- Buchweizennudeln in ausreichend Wasser mit etwas Salz al dente garen. Nudeln durch ein Sieb abgießen. Erbsen in etwas Wasser etwa 8 Minuten garen. Durch ein Sieb abgießen und abtropfen lassen.
- Paprika putzen, entkernen und in feine Streifen schneiden. Zucchino längs halbieren und in 5 mm dicke Scheiben schneiden. Lauch der Länge nach halbieren, putzen und in dünne Scheiben schneiden. Mais durch ein Sieb abgießen und kurz mit kaltem Wasser abbrausen.
- Öl in einer großen Pfanne erhitzen. Darin Lauch, Paprika, Zucchino und Mais gemeinsam 3 – 4 Minuten andünsten. Kräuter putzen und klein schneiden. Nudeln und Erbsen zum Gemüse in die Pfanne geben und vermengen. Mit Salz, Pfeffer und Paprikapulver würzen und einige Minuten durchziehen lassen.
- Kräuter über der Gemüsepfanne verteilen und das Gericht servieren.

Wirsingrouladen mit Backpflaumen

8 große Blätter Wirsing
5 Schalotten
1 Knoblauchzehe
1 rote Paprikaschote
200 g Champignons
150 g Backpflaumen, entsteint
200 g Feta
5 – 6 EL natives Kokosöl, Rapsöl oder Olivenöl
100 g Buchweizengrütze
2 EL Senf
Meersalz
Pfeffer, frisch gemahlen
350 ml Gemüsebrühe
100 ml Sahne
1 EL Thymianblättchen

- Wirsingblätter etwa 8 Minuten in Wasser mit etwas Salz kochen. Mit einem Schaumlöffel herausnehmen und kalt abschrecken. Von den Blättern jeweils die Mittelrippe flach abschneiden.
- Schalotten und Knoblauch schälen, Paprika entkernen. Schalotten, Knoblauch, Paprika, Champignons, Backpflaumen und Feta klein würfeln. In einer Pfanne 2 EL Öl erhitzen. Darin Schalotten und Knoblauch kurz anbraten. Paprika, Pilze und Pflaumen zugeben und kurz mitbraten. Buchweizengrütze zugeben, kurz mitbraten. Deckel auflegen und bei schwacher Hitze 5 – 10 Minuten weitergaren. Senf und Feta unterrühren, mit Salz und Pfeffer abschmecken.
- Jeweils 2 Wirsingblätter übereinanderlegen. Buchweizenmasse darauf verteilen und die Blätter zu Rouladen aufrollen. Dabei die Blattränder rechts und links zur Mitte hin einschlagen.
- 3 – 4 EL Öl in einer Pfanne erhitzen. Darin die Wirsingpäckchen rundherum vorsichtig anbraten. Die Brühe angießen und 15 Minuten bei geschlossenem Deckel schmoren lassen. Päckchen aus der Pfanne nehmen und warm stellen.
- Sahne zur Gemüsebrühe in die Pfanne gießen und bei starker Hitze sämig einkochen. Mit Salz und Pfeffer abschmecken. Thymian in die Sauce rühren und die Wirsingpäckchen mit der Sauce servieren.

Spinatkroketten mit Gorgonzola-Pilz-Ragout

250 g Buchweizenbrötchen vom Vortag (siehe Seite 34 oder 35)
100 ml Milch
500 g Spinat (Blattspinat)
2 frische Eier
80 g glutenfreies Vollkorn-Paniermehl
Meersalz
Pfeffer, frisch gemahlen
Muskat, frisch gerieben
natives Kokosöl, Rapsöl oder Butter zum Ausbacken

Gorgonzola-Pilz-Ragout:
1 Knoblauchzehe
½ Bund Frühlingszwiebeln
500 g gemischte Pilze
(zum Beispiel Champignons, Steinpilze, Kräuterseitlinge, Pfifferlinge)
1 Bund Schnittlauch
250 g Gorgonzola
4 EL Olivenöl oder Butter
100 ml Weißwein oder Gemüsebrühe
¼ l Sahne
Meersalz
Pfeffer, frisch gemahlen

- Buchweizenbrötchen in kleine Würfel schneiden. In eine große Schüssel geben und mit Milch übergießen. Gründlich mischen und etwas stehen lassen.
- Spinat putzen und in sehr wenig Wasser in einem Topf bei mittlerer Hitze zusammenfallen lassen. Durch ein Sieb abgießen und gut abtropfen lassen. Mit den Händen fest ausdrücken und klein schneiden.
- Spinat, Eier und Paniermehl zur Brötchenmasse geben und zu einem Knödelteig verkneten. Mit Salz, Pfeffer und Muskat würzen. Mit feuchten Händen Kroketten aus dem Teig formen.

- Für das Pilzragout den Knoblauch schälen und klein hacken. Frühlingszwiebeln putzen und klein schneiden. Pilze putzen und je nach Art in Stücke schneiden oder ganz lassen. Schnittlauch in Röllchen schneiden. Gorgonzola klein würfeln. Öl oder Butter in einer Pfanne erhitzen. Darin die Pilze anbraten, bis die Flüssigkeit verdampft ist. Mit Weißwein oder Brühe ablöschen und noch etwas köcheln lassen. Dann Sahne zugießen, mit Salz, Pfeffer und Schnittlauch würzen. Gorgonzola zu den Pilzen geben, schmelzen und noch etwas ziehen lassen.
- Weiter für die Kroketten Öl oder Butter zum Ausbacken in einer Pfanne erhitzen. Darin die Kroketten 2 – 3 Minuten goldbraun braten. Kurz auf Küchenpapier abtropfen lassen und mit dem Pilzragout servieren.

Buchweizen-Schupfnudeln

700 g mehligkochende Kartoffeln
100 g Buchweizen, gemahlen
100 g Speisestärke
2 frische Eier
Meersalz
Pfeffer, frisch gemahlen
Muskat, frisch gerieben
2 EL Butter zum Braten

- Kartoffeln in ausreichend Wasser gar kochen. Anschließend pellen und noch heiß durch die Kartoffelpresse in eine große Schüssel drücken oder mit einem Kartoffelstampfer zerdrücken. Mit Mehl, Speisestärke und Eiern sowie Salz, Pfeffer und Muskat zu einem glatten Teig verkneten. Teig abgedeckt 10 Minuten ruhen lassen.
- Dann den Teig in zwei gleich große Portionen teilen. Zu 4 cm dicken Strängen rollen. Die Stränge in 1 cm breite Stücke schneiden und diese mit den Händen zu Schupfnudeln rollen.
- Reichlich Wasser mit etwas Salz in einem Topf zum Kochen bringen. Darin die Schupfnudeln etwa 2 Minuten garen, bis sie an die Oberfläche steigen. Mit einem Schaumlöffel aus dem Kochwasser heben und abtropfen lassen.
- Butter in einer großen Pfanne erhitzen. Schupfnudeln darin unter Rühren anbräunen.
- Fertig gebratene Schupfnudeln zum Beispiel mit dem feurigen Pesto von Seite 83 servieren.

Buchweizen-Spinat-Spätzle mit Walnüssen und Käse

70 g Walnüsse
150 g Spinat (Blattspinat)
100 g Buchweizen, gemahlen
50 g Reisvollkornmehl
150 g Speisestärke
6 frische Eier
1 EL Rapsöl
Meersalz
1 kleine Zwiebel
150 g Butter
40 g Appenzeller
200 g Kirschtomaten
Pfeffer, frisch gemahlen

- Walnüsse in einer Pfanne ohne Fett rösten, bis sie fein duften. Auf einem Teller abkühlen lassen.
- Spinat putzen. Etwas Wasser in einem Topf erhitzen. Spinat kurz darin dünsten und zusammenfallen lassen. Durch ein Sieb abgießen, gut abtropfen lassen und klein schneiden.
- In einer Schüssel Mehle und Speisestärke mit Eiern, Öl, Spinat und 1 TL Salz mit einem Rührlöffel zu zähem Spätzleteig verschlagen.
- In einem großen Topf reichlich Wasser mit etwas Salz zum Kochen bringen. Den Spätzleteig direkt vom Holzbrett oder mit einer Spätzlepresse in das kochende Wasser geben. Sobald die Spätzle nach 2 – 3 Minuten an die Oberfläche steigen, mit einem Schaumlöffel aus dem Wasser heben und in einem Sieb abtropfen lassen.
- Zwiebel schälen und fein würfeln. Butter in einer Pfanne erhitzen. Zwiebel darin glasig braten. Inzwischen den Appenzeller fein reiben. Spätzle, Walnüsse und Käse zur Zwiebelbutter in die Pfanne geben und kurz darin schwenken.
- Spätzle mit den Kirschtomaten anrichten und nach Geschmack mit frisch gemahlenem Pfeffer verfeinern.

Kartoffelgnocchi-Bohnen-Pfanne

600 g mehligkochende Kartoffeln
Meersalz
300 g grüne Bohnen
2 Zweige Bohnenkraut
40 g (5 EL) Buchweizen, gemahlen
20 g (4 TL) Pfeilwurzstärke
1 frisches Eigelb
50 g Ricotta
Pfeffer, frisch gemahlen
Muskat, frisch gerieben
Buchweizenmehl für die Arbeitsfläche
1 Zwiebel
1 Knoblauchzehe
4 EL Olivenöl
½ l passierte Tomaten aus dem Glas
½ Bund Petersilie

➤ Kartoffeln schälen und in große Stücke schneiden. In ausreichend Wasser mit etwas Salz gar kochen. Inzwischen Bohnen putzen und mit Bohnenkraut und etwas Salz in wenig Wasser 8 – 10 Minuten bissfest garen. Fertig gegarte Bohnen mit einem Schaumlöffel aus dem Wasser nehmen und zur Seite stellen.

➤ Kartoffeln abgießen und noch heiß mit einem Kartoffelstampfer zerdrücken. Mehl, Pfeilwurzstärke, Eigelb und Ricotta zur Kartoffelmasse geben. Mit Salz, Pfeffer und Muskat würzen und zu einem glatten Teig verkneten. Kurz ruhen lassen. Dann 1,5 cm dicke Stränge aus dem Teig formen. Die Stränge auf der leicht bemehlten Arbeitsplatte in 2 cm lange Stücke schneiden. Mit den Zinken einer Gabel das typische Gnocchimuster in die Teigstücke drücken.

Variante: Gnocchi mit feurigem Pesto

Die Gnocchi schmecken auch sehr gut mit einem würzigen Tomatenpesto.

- Für etwa 180 g Pesto 50 g Mandeln mahlen, 2 Knoblauchzehen schälen und fein hacken, 1 frische rote Chilischote putzen und klein schneiden, dabei nach Wunsch entkernen. 50 g Tomaten grob zerkleinern.
- Tomaten, Knoblauch, Chili und gemahlene Mandeln mit 4 EL Olivenöl pürieren. 2 EL Ajvar dazugeben, verrühren und mit Meersalz und frisch gemahlenem Pfeffer abschmecken.
- Das Pesto zu den fertig gegarten Gnocchi servieren, die Gnocchi dabei nach Geschmack noch in etwas zerlassener Butter schwenken.

Tipp: Das Pesto passt auch gut zu anderen Kartoffelgerichten, zum Beispiel zu den Schupfnudeln von Seite 80.

➤ Reichlich Wasser mit etwas Salz in einem Topf zum Kochen bringen. Darin die Gnocchi etwa 3 Minuten gar ziehen lassen. Wenn sie an die Oberfläche steigen, mit einem Schaumlöffel herausheben und abtropfen lassen.

➤ Zwiebel und Knoblauch schälen und fein hacken. In einer Pfanne das Öl erhitzen. Darin Zwiebel und Knoblauch glasig braten. Bohnen zugeben, kurz mitbraten. Mit passierten Tomaten ablöschen. Mit Salz und Pfeffer würzen, kurz aufkochen lassen. Petersilienblättchen abzupfen und fein hacken. Gnocchi und Petersilie zu den Bohnen geben und abschmecken. 1 Minuten ziehen lassen, dann servieren.

Buchweizen-Nudelteig

250 g Buchweizen, gemahlen
250 g Speisestärke
4 frische Eier
1 frisches Eigelb

- Buchweizenmehl, Speisestärke, Eier und Eigelb in einer Schüssel zu einem glatten Teig verarbeiten. Den Teig abdecken und kurz ruhen lassen.
- Anschließend zur gewünschte Nudelform verarbeiten. Der Teig sollte dabei möglichst dünn ausgerollt werden, jedoch nicht dünner als 2 mm.
- Aus dem Teig lassen sich zum Beispiel leckere gefüllte Teigtaschen herstellen (siehe nebenstehendes Rezept).

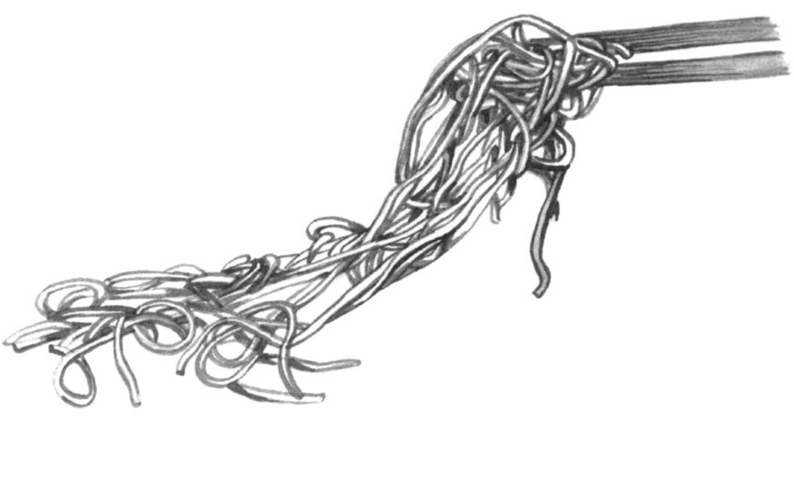

Nudelteigtaschen

1 Portion Buchweizen-Nudelteig (siehe nebenstehendes Rezept)
400 g Ricotta
250 g Spinat (Blattspinat)
1 EL Rapsöl
Meersalz
Pfeffer, frisch gemahlen
Buchweizenmehl für die Arbeitsfläche
1 frisches Eigelb, verquirlt
50 g Walnusshälften
300 g Kirschtomaten
2 EL Olivenöl
2 EL Petersilie, frisch gehackt
Parmesan, frisch gerieben

➤ Nudelteig wie angegeben herstellen. Ricotta in eine große Schüssel geben. Spinat waschen und gut abtropfen lassen. Rapsöl in einer Pfanne erhitzen. Darin den Spinat zusammenfallen lassen. Dann den Spinat ausdrücken, zerkleinern, mit Salz und Pfeffer würzen. Zum Ricotta geben und verrühren.
➤ Nudelteig auf der leicht bemehlten Arbeitsfläche 2 mm dünn ausrollen und in Rechtecke schneiden (7 × 10 cm). Ricottamischung mittig auf den Teigstücken verteilen, die Teigränder mit verquirltem Eigelb bestreichen und die Teigstücke über der Füllung zusammenklappen. Mit einer Gabel die Ränder zusammendrücken.
➤ In einem Topf reichlich Wasser mit etwas Salz zum Kochen bringen. Darin die Teigtaschen gar ziehen lassen, bis sie an der Oberfläche schwimmen. Mit einem Schaumlöffel aus dem Wasser nehmen.
➤ Inzwischen die Walnusshälften in einer Pfanne ohne Fett rösten, bis sie fein duften. Auf einem Teller abkühlen lassen. Die Tomaten halbieren. Olivenöl in der Pfanne erhitzen, Tomatenhälften darin anbraten. Gegarte Teigtaschen und Walnusshälften zugeben und darin schwenken.
➤ Mit Petersilie und Parmesan bestreut servieren.

Mangoldbällchen mit Möhrengemüse

250 g Buchweizengrütze
½ l Gemüsebrühe
1 Mangold
1 ½ EL Butter
180 g Quark
2 frische Eier
60 g Speisestärke
Meersalz
Pfeffer, frisch gemahlen

Möhrengemüse:
1 Zwiebel
200 g Möhren
200 g Kartoffeln
1 ½ EL Butter
150 ml Gemüsebrühe
Meersalz
Pfeffer, frisch gemahlen
1 Prise feiner Vollrohrzucker
½ Bund Petersilie
200 g Frischkäse

- In einem Topf Buchweizengrütze mit Gemüsebrühe aufkochen. Zugedeckt bei mäßiger Hitze etwa 15 Minuten garen oder quellen lassen, dabei ab und zu umrühren. In ein Sieb geben und gut abtropfen lassen.
- Mangold putzen, die Stiele und Blätter getrennt in feine Streifen schneiden. Die Butter in einer Pfanne zerlassen. Darin die Mangoldstiele kurz dünsten, Blätter dazugeben und zusammenfallen lassen. Mangold aus der Pfanne nehmen und abtropfen lassen.

- In einer Schüssel Buchweizen mit Mangold, Quark, Eiern und Speisestärke verrühren. Mit Salz und Pfeffer kräftig würzen.
- In einem Topf reichlich Wasser mit etwas Salz erhitzen. Mit zwei Esslöffeln aus der Buchweizenmasse Bällchen formen und in das kochende Wasser geben. Bei schwacher Hitze 10 Minuten gar ziehen lassen. Bällchen mit einem Schaumlöffel aus dem Wasser nehmen und abtropfen lassen.
- Inzwischen für das Möhrengemüse die Zwiebel schälen und fein würfeln. Möhren und Kartoffeln schälen und ebenfalls würfeln. Die Butter in einem Topf erhitzen. Darin das Gemüse gemeinsam 2 – 3 Minuten anbraten. Mit der Gemüsebrühe ablöschen und 10 Minuten zugedeckt garen. Mit Salz, Pfeffer und Zucker würzen.
- Petersilie abzupfen und fein hacken. Mit Frischkäse zum Möhrengemüse geben, unterrühren und abschmecken.
- Möhrengemüse mit den Mangoldbällchen servieren.

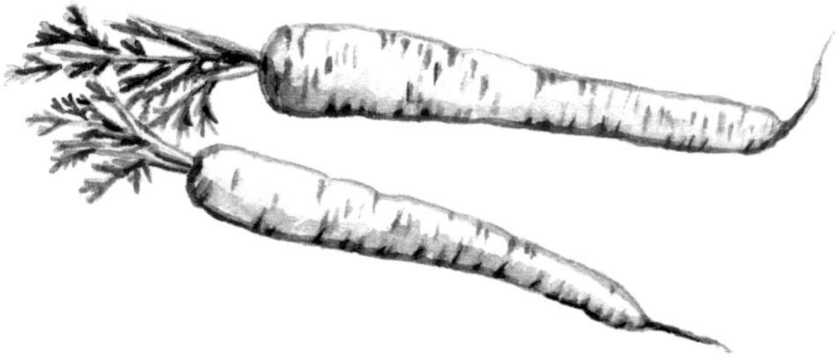

Variante: Mangoldbällchen mit Kerbelsauce

Probieren Sie die Bällchen auch mit Kerbelsauce statt des Möhrengemüses. Dafür in einem Topf ¼ l Milch mit 200 ml Sahne erhitzen und 10 Minuten bei mittlerer Hitze einkochen lassen. 1 Bund Kerbel fein hacken und in die Sauce geben. Mit Meersalz und frisch gemahlenem Pfeffer abschmecken.

Orientalische Buchweizen-Gemüse-Pfanne

200 g Buchweizen
400 ml Wasser
Meersalz
1 Aubergine
1 Zucchino
3 Fleischtomaten
1 rote Paprikaschote
2 Möhren
1 Gemüsezwiebel
3 Knoblauchzehen
30 g frischer Ingwer
2 EL Olivenöl
2 EL Tomatenmark
½ TL gemahlener Kreuzkümmel
1 TL Thymian, frisch gehackt
1 TL Oregano, frisch gehackt
Pfeffer, frisch gemahlen
½ Bund Minze
300 g Joghurt

- In einem Topf Buchweizen mit Wasser und etwas Salz aufkochen. Zugedeckt bei mäßiger Hitze etwa 15 Minuten garen oder quellen lassen, dabei ab und zu umrühren.
- Aubergine, Zucchino und Tomaten putzen und klein würfeln. Paprika putzen, entkernen und in feine Streifen schneiden. Möhren grob raspeln. Zwiebel und Knoblauch schälen und klein würfeln. Ingwer schälen und fein reiben.
- Das Öl in einer Pfanne erhitzen. Darin Zwiebel, Knoblauch, Paprika, Zucchini und Ingwer 3 – 4 Minuten dünsten. Aubergine und Tomaten zugeben und 2 – 3 Minuten mitdünsten. Gegarten Buchweizen, Tomatenmark und Kreuzkümmel unterrühren. Thymian und Oregano dazugeben, mit Salz und Pfeffer würzen.
- Minze grob zupfen. Buchweizen-Gemüse auf Tellern verteilen und Minze darübergeben. Mit etwas Joghurt servieren.

Buchweizen mit grünem Spargel

250 g grüner Spargel
50 g Butter
250 g Buchweizen, geschrotet
1 Limette
700 ml Gemüsebrühe, heiß
100 g Parmesan
250 g Kirschtomaten
Meersalz
Pfeffer, frisch gemahlen
1 EL Olivenöl
12 Blätter Basilikum

- Spargel putzen und die holzigen Enden abschneiden. Spargelstangen bis kurz unter die Spitzen schräg in dünne Scheiben schneiden.
- Butter in einem Topf erhitzen. Spargelscheiben, Spargelspitzen und Buchweizenschrot darin 2 – 3 Minuten anschwitzen. Saft der Limette auspressen und zum Spargel geben. Etwas Gemüsebrühe angießen. Zugedeckt bei mittlerer Hitze 10 – 15 Minuten garen, bis der Buchweizen bissfest ist. Dabei immer wieder umrühren und etwas Brühe nachgießen, wenn sie aufgesogen ist.
- Parmesan in Späne hobeln, Kirschtomaten halbieren. Fertig gegarten Buchweizen mit Salz und Pfeffer abschmecken. Olivenöl unterrühren und mit Parmesan, halbierten Tomaten und Basilikumblättern anrichten.

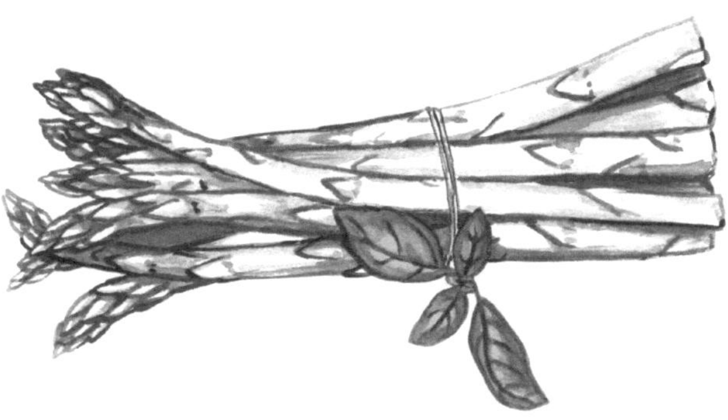

Linsen-Buchweizen-Risotto

1 Bund Frühlingszwiebeln
2 Knoblauchzehen
2 EL Olivenöl
150 g Buchweizengrütze
150 g rote Linsen
Meersalz
Pfeffer, frisch gemahlen
etwa 1 l Gemüsebrühe, heiß
2 EL Butter
1 TL Schnittlauch, frisch gehackt
1 TL Petersilie, frisch gehackt
1 TL Thymian, frisch gehackt
100 g Parmesan

- Frühlingszwiebeln putzen und klein schneiden. Knoblauch schälen und fein hacken.
- In einem Topf das Öl erhitzen. Darin Zwiebeln und Knoblauch glasig dünsten. Die Temperatur auf mittlere Hitze reduzieren. Buchweizengrütze einrühren und kurz mitdünsten.
- Die Linsen zugeben. Kräftig salzen und pfeffern. Etwas Brühe angießen und zugedeckt bei mäßiger Hitze insgesamt etwa 15 Minuten köcheln lassen. Dabei immer wieder etwas Brühe nachgießen, wenn die Brühe verkocht und der Buchweizen noch nicht gar ist, und öfter umrühren. Wenn Buchweizen und Linsen gar sind, sollte die Brühe im Topf aufgesogen sein.
- Zum Schluss Butter und die gehackten Kräuter dazugeben. Gut verrühren und abschmecken. Parmesan hobeln und zum Servieren über das Gericht geben.

Russische Kascha mit Ei

250 g Buchweizengrütze
2 frische Eier
½ l Gemüsebrühe, heiß
2 Zwiebeln
3 Knoblauchzehen
100 g Steinpilze
200 g Champignons
½ Bund Petersilie
50 g Butter
Meersalz
Pfeffer, frisch gemahlen
Muskat, frisch gerieben
150 ml Sahne
150 g saure Sahne

- In einer Pfanne ohne Fett die Buchweizengrütze (Kascha) 3 – 4 Minuten unter Rühren anrösten. Eier in einer Schüssel verquirlen und dazugeben. Die Gemüsebrühe angießen und die Grütze zugedeckt bei mäßiger Hitze 15 – 20 Minuten garen oder quellen lassen, dabei ab und zu umrühren.
- Inzwischen Zwiebeln und Knoblauch schälen und klein würfeln. Pilze putzen und klein schneiden. Petersilie abzupfen und klein hacken.
- Butter in einer Pfanne erhitzen. Darin Zwiebeln und Knoblauch glasig braten. Pilze zugeben und 3 – 4 Minuten mitbraten. Dann Buchweizengrütze unterrühren. Mit Salz, Pfeffer und Muskat würzen. Sahne und saure Sahne dazugeben und gut vermischen, dann noch 1 Minute ziehen lassen.
- Mit gehackter Petersilie bestreut servieren.

Linsen-Grütz-Brei mit Kartoffel-Apfel-Püree und Weißkraut

Weißkraut:
500 g Weißkohl
½ Bund Frühlingszwiebeln
1 EL Rapsöl
2 EL feiner Vollrohrzucker
300 ml schwarzer Johannisbeersaft, Holundersaft oder Aroniasaft
400 ml Gemüsebrühe
5 – 10 Wacholderbeeren
2 Lorbeerblätter
Meersalz

Kartoffel-Apfel-Püree:
700 g mehligkochende Kartoffeln
Meersalz
2 Äpfel
200 ml Milch
50 g Butter
Muskat, frisch gerieben

3 rote Zwiebeln
1 EL Butter
100 g Buchweizengrütze
100 g schwarze Linsen
1 TL Bohnenkraut, frisch gehackt
1 TL Majoran, frisch gehackt
½ l Gemüsebrühe, heiß
1 EL Senf
½ TL gemahlener Piment
20 g (4 TL) Pfeilwurzstärke
100 g Schmand oder saure Sahne
Meersalz
Pfeffer, frisch gemahlen

- Für das Kraut Weißkohl vierteln, Strunk entfernen und Kohl in schmale Streifen hobeln oder schneiden. Frühlingszwiebeln putzen und klein schneiden. Das Öl in einem Topf erhitzen. Darin Frühlingszwiebeln und Kohl kurz andünsten. Mit Zucker bestreuen, gut durchrühren. Saft und Brühe angießen. Wacholderbeeren und Lorbeerblätter zugeben und salzen. Zugedeckt etwa 30 Minuten bei mittlerer Hitze köcheln lassen.
- Für das Kartoffelpüree die Kartoffeln schälen und in große Stücke schneiden. In ausreichend Wasser mit etwas Salz gar kochen. Abgießen und die Kartoffeln noch heiß durch die Kartoffelpresse drücken oder mit einem Kartoffelstampfer zerdrücken. 100 g Kartoffelbrei für den Linsen-Grütz-Brei zur Seite stellen. Äpfel schälen, fein reiben und zum restlichen Kartoffelpüree geben. Milch mit Butter erwärmen. Milchmischung zu den Kartoffeln geben, mit Salz und Muskat würzen. Alles verrühren und warm stellen.
- Für den Linsen-Grütz-Brei Zwiebeln schälen und würfeln. Butter in einem Topf erhitzen und die Zwiebeln darin glasig dünsten. Buchweizengrütze, Linsen und gehackte Kräuter zugeben. Gemüsebrühe angießen und zugedeckt bei mäßiger Hitze 10 – 15 Minuten oder so lange garen, bis ein Brei entstanden ist. Mit dem zur Seite gestellten Kartoffelpüree, Senf, Piment, Pfeilwurzstärke und Schmand oder saurer Sahne verrühren. Mit Salz und Pfeffer würzen.
- Grützbrei mit Kartoffelpüree und Weißkraut servieren.

Leckeres aus dem Ofen

Tomatenkuchen vom Blech

100 g Buchweizen, gemahlen
50 g geröstetes Kichererbsenmehl
100 g Speisestärke
2 TL Weinsteinbackpulver
1 TL Meersalz
80 g Quark
6 – 8 EL Milch
2 frische Eier
4 EL Olivenöl
2 Zwiebeln
2 Knoblauchzehen
10 feste Tomaten
120 g getrocknete, in Öl eingelegte Tomaten
60 g glutenfreies Vollkorn-Paniermehl
2 EL Basilikum, frisch gehackt
250 g Feta
Buchweizenmehl für die Arbeitsfläche

- Mehle, Speisestärke, Backpulver und Salz in einer Schüssel mischen. Quark, Milch, Eier und Öl dazugeben und zu einem glatten Teig verkneten. Teig zugedeckt 20 Minuten ruhen lassen.
- Inzwischen Zwiebeln und Knoblauch schälen und fein schneiden. Tomaten klein würfeln, dabei die Samen entfernen. Getrocknete Tomaten gut abtropfen lassen und ebenfalls würfeln. Zwiebeln, Knoblauch, frische und getrocknete Tomaten in einer Schüssel mischen. Paniermehl und Basilikum unterrühren. Feta zerbröseln. Die Hälfte des Fetas zur Tomatenmischung geben und vermengen.
- Backofen auf 200 °C vorheizen. Ein Backblech mit Backpapier belegen. Teig auf der leicht bemehlten Arbeitsfläche backblechgroß ausrollen und auf das Backblech legen. Tomatenmischung darauf verteilen. Restlichen Feta darüberstreuen. Im heißen Ofen (Mitte) 25 – 30 Minuten backen.
- Fertig gebackenen Kuchen in Stücke schneiden und servieren.

Buchweizen-Flammkuchen mediterran

100 g Buchweizen, gemahlen
50 g geröstetes Kichererbsenmehl
150 g Speisestärke
20 g (4 TL) Pfeilwurzstärke
200 ml Wasser
½ Würfel frische Hefe
½ TL Meersalz
4 EL Olivenöl

Tomatensauce und Gemüsebelag:
500 g Tomaten
3 Zwiebeln
2 Knoblauchzehen
6 EL Olivenöl
1 EL Tomatenmark
2 EL Kräuter, frisch gehackt
(zum Beispiel Basilikum, Oregano, Thymian)
Meersalz
Pfeffer, frisch gemahlen
1 Aubergine
1 gelbe Paprikaschote
1 rote Paprikaschote
1 grüne Paprikaschote
1 Zucchino
200 g Mozzarella
80 g Feta
50 g schwarze Oliven

➤ Mehle, Speisestärke und Pfeilwurzstärke in einer großen Schüssel mischen. In die Mitte eine Mulde drücken. Wasser handwarm erwärmen. Hefe im Wasser auflösen. Hefewasser in die Mulde geben und mit etwas Mehl verrühren. Zugedeckt an einem warmen Ort 20 Minuten ruhen lassen.

- Dann Salz und Öl dazugeben und glatt verkneten. Teig zugedeckt 1 Stunde an einem warmen Ort ruhen lassen. Backofen auf 200 °C vorheizen. Zwei Backbleche mit Backpapier belegen.
- Für die Tomatensauce 250 g Tomaten würfeln. 1 Zwiebel und 1 Knoblauchzehe schälen und klein würfeln. 1 EL Öl in einer Pfanne erhitzen. Darin Zwiebel und Knoblauch glasig dünsten. Tomatenwürfel zugeben und 10 Minuten dünsten. Tomatenmark und Kräuter einrühren, mit Salz und Pfeffer würzen. 5 Minuten köcheln lassen.
- Für den Gemüsebelag 2 Zwiebeln und 1 Knoblauchzehe schälen und in Scheiben schneiden. Aubergine klein würfeln, Paprika entkernen und in Streifen schneiden, Zucchino in Scheiben schneiden. 250 g Tomaten blanchieren, häuten und vierteln. 5 EL Öl in einer Pfanne erhitzen. Darin Zwiebeln und Knoblauch glasig dünsten. Aubergine und Zucchino zugeben und 3 Minuten dünsten. Paprika zugeben, salzen und pfeffern. Pfanne vom Herd nehmen.
- Teig in zwei gleich große Portionen teilen und zu ovalen Teigböden ausrollen. Mehrmals mit einer Gabel einstechen und auf die Backbleche legen. Die Fladen mit Tomatensauce bestreichen und mit dem gedünsteten Gemüse belegen.
- Mozzarella in Scheiben schneiden oder in Stücke zupfen, Feta zerkrümeln. Oliven, Mozzarella und Feta auf dem Gemüse verteilen und die Flammkuchen im heißen Ofen (unten) etwa 25 Minuten backen. (Bleche nacheinander backen. Beim Backen mit Umluft [bei 180 °C] können beide Bleche gleichzeitig in den Ofen.)
- Fertig gebackene Flammkuchen in Stücke schneiden und servieren.

Zwiebelkuchen vom Blech

100 g Buchweizen, gemahlen
100 g geröstetes Kichererbsenmehl
200 g Speisestärke
¼ l Milch
½ Würfel frische Hefe
½ TL feiner Vollrohrzucker
80 g Butter, weich
Meersalz
1 kg Zwiebeln
1 Bund Petersilie
2 EL Butter
250 g Schmand oder saure Sahne
Pfeffer, frisch gemahlen
Buchweizenmehl für die Arbeitsfläche
Kümmelsamen

- Mehle und Speisestärke in einer Schüssel vermengen. In die Mitte eine Mulde drücken. Milch leicht erwärmen und darin Hefe und Zucker auflösen. Hefemilch in die Mulde gießen. Butter und 1 EL Salz zugeben und alles zu einem glatten Teig verkneten. Teig in der Schüssel zugedeckt 1 Stunde an einem warmen Ort ruhen lassen.
- Backofen auf 200 °C vorheizen. Ein Backblech mit Backpapier belegen. Zwiebeln schälen und in feine Ringe schneiden. Petersilienblättchen abzupfen und klein hacken. Butter in einer Pfanne erhitzen. Darin die Zwiebelringe glasig dünsten. Schmand und Petersilie zu den Zwiebeln geben und verrühren. Mit Salz und Pfeffer würzen.
- Teig auf der bemehlten Arbeitsfläche backblechgroß ausrollen. Auf das Blech legen und die Zwiebelmasse darauf verteilen. Mit Kümmel bestreuen und im heißen Ofen (Mitte) etwa 30 Minuten backen.
- Fertig gebackenen Zwiebelkuchen in Stücke schneiden und servieren.

Herzhafte Buchweizen-Spinat-Torte

Butter für die Springform (Durchmesser 26 cm)
450 g tiefgekühlter Spinat (Blattspinat)
60 g Buchweizen, gemahlen
20 g (2 ½ EL) Hanfmehl
120 g Speisestärke
100 g Butter
7 frische Eier
Meersalz
eventuell etwas Wasser
Buchweizenmehl für die Arbeitsfläche
2 rote Zwiebeln
2 Knoblauchzehen
3 EL natives Kokosöl, Olivenöl oder Rapsöl
100 g Bergkäse
250 g Ricotta
Pfeffer, frisch gemahlen

- Eine Springform fetten. Tiefgekühlten Spinat auftauen lassen.
- In einer Schüssel Mehle und Speisestärke mischen. Butter in Stückchen, 1 Ei und ½ TL Salz dazugeben und zu einem glatten Teig verkneten. Falls der Teig zu krümelig ist, wenig Wasser zugeben. Teig auf der bemehlten Arbeitsfläche etwas größer als die Springform ausrollen und in die Form legen. Dabei einen 4 – 5 cm hohen Rand formen.
- Aufgetauten Spinat mit den Händen ausdrücken und grob hacken. Zwiebeln und Knoblauch schälen und fein würfeln. In einer Pfanne das Öl erhitzen. Darin Zwiebeln und Knoblauch anbraten. Spinat zugeben und kurz mitbraten. Pfanne vom Herd nehmen. Backofen auf 200 °C vorheizen.
- Bergkäse reiben. In einer Schüssel Ricotta mit Bergkäse, 6 Eiern und Spinat verrühren. Mit Salz und Pfeffer würzen. Die Spinatmischung auf dem Teig in der Form verteilen. Im heißen Ofen (Mitte) etwa 40 Minuten backen.
- Fertig gebackene Torte aus der Form nehmen, noch heiß in Stücke schneiden und servieren.

Buchweizen-Auberginen-Kuchen im Gemüsemantel

500 g Auberginen
6 EL Olivenöl
Meersalz
Pfeffer, frisch gemahlen
500 g Zucchini
500 g Fleischtomaten
250 g Hokkaidokürbis
1 rote Zwiebel
2 Knoblauchzehen
100 g Buchweizen
1 EL Oregano, frisch gehackt
1 EL Basilikum, frisch gehackt
1 EL Thymian, frisch gehackt
2 EL Tomatenmark
100 g Ziegenfrischkäse

Zucchini-Möhren-Mantel:
125 g Zucchini
125 g Möhren
Meersalz

Tomatensauce:
500 g Tomaten
½ Zitrone
5 – 6 EL Olivenöl
Meersalz
Pfeffer, frisch gemahlen
1 EL Petersilie, frisch gehackt

1 – 2 EL Olivenöl für die Kastenbackform (Länge 20 cm)

- Backofen auf 190 °C vorheizen. Ein Backblech mit Backpapier belegen. Auberginen längs halbieren und mit den Schnittflächen nach oben auf das Backblech legen. Die Schnittflächen mit 1 – 2 EL Öl bestreichen, salzen und pfeffern. Auberginen im heißen Ofen (Mitte) etwa 40 Minuten backen.
- Inzwischen für den Mantel Zucchini und Möhren putzen und längs in 2 mm dicke Scheiben schneiden. Etwa 2 Minuten in Wasser mit etwas Salz garen. Aus dem Wasser nehmen und gut abtropfen lassen.
- Weiter für die Füllung Zucchini klein würfeln. Fleischtomaten in heißem Wasser blanchieren, häuten, entkernen und klein schneiden. Kürbis entkernen und ebenfalls in kleine Würfel schneiden. Zwiebel und Knoblauch schälen und klein würfeln.
- Auberginen aus dem Ofen nehmen und das weiche Fruchtfleisch mit einem Löffel aus den Hälften lösen. Fruchtfleisch klein hacken. Backofen auf 160 °C herunterschalten.
- 4 – 5 EL Öl in einer großen Pfanne erhitzen. Darin Zwiebel und Knoblauch anbraten. Das klein geschnittene Gemüse, Auberginen und Buchweizen dazugeben und bei mittlerer Hitze kurz mitbraten. Oregano, Basilikum, Thymian und Tomatenmark zugeben und verrühren. Die Gemüsemischung etwa 20 Minuten schmoren, bis die Flüssigkeit verdampft ist. Salzen und pfeffern. Vom Herd nehmen, leicht abkühlen lassen und den Ziegenkäse unterrühren.
- Die Kastenbackform fetten. Mit den Zucchini- und Möhrenstreifen auslegen, dabei die Streifen etwas über den Rand hängen lassen. Buchweizen-Gemüse-Füllung in die Form füllen und mit den überhängenden Gemüsestreifen bedecken.
- Die Backform in ein Wasserbad stellen (sie sollte höchstens zu drei Viertel hoch im Wasser stehen) und im heißen Ofen 40 Minuten garen. Die Form aus dem Wasser heben und etwas abkühlen lassen.
- Inzwischen für die Tomatensauce die Tomaten blanchieren und häuten. Tomaten vierteln, entkernen und in große Würfel schneiden. Saft der Zitrone auspressen. Das Öl in einer Pfanne erhitzen. Die Tomatenwürfel und Zitronensaft einrühren, kurz aufkochen lassen und vom Herd nehmen. Mit Salz, Pfeffer und Petersilie würzen.
- Gemüsekuchen in Scheiben schneiden und mit der Tomatenmischung servieren.

Würzige Auberginenröllchen mit Joghurtcreme

1 kg Auberginen
Meersalz
100 g Buchweizen
400 ml Wasser
2 Zwiebeln
2 Knoblauchzehen
200 g rote Paprikaschoten
1 frische rote Chilischote
300 g Tomaten
70 g Feta
8 EL Olivenöl oder Rapsöl
1 EL Petersilie, frisch gehackt
Pfeffer, frisch gemahlen
200 ml Wasser

Joghurtcreme:
150 g griechischer Joghurt
200 g Crème fraîche
1 Knoblauchzehe
Meersalz
Pfeffer, frisch gemahlen

- Auberginen der Länge nach in 1 cm dicke Scheiben schneiden. In eine Form oder auf einen großen Teller legen, mit Salz bestreuen und Wasser ziehen lassen.
- In einem Topf Buchweizen mit 200 ml Wasser aufkochen. Zugedeckt bei mäßiger Hitze etwa 15 Minuten garen oder quellen lassen. Dabei ab und zu umrühren.
- Zwiebeln und Knoblauch schälen und fein hacken. Paprika und Chili entkernen und in sehr kleine Würfel schneiden. Tomaten blanchieren, häuten und klein würfeln. Feta fein zerkleinern.
- In einer Pfanne 2 EL Öl erhitzen. Darin Zwiebeln, Knoblauch, Chili und Paprika 5 Minuten dünsten. Tomaten, gegarten Buchweizen, Feta und ½ EL gehackte Petersilie zugeben. Gut durchrühren und mit Salz und Pfeffer abschmecken.
- Backofen auf 180 °C vorheizen. Eine Auflaufform mit 2 EL Öl fetten.
- Auberginen trockentupfen. 4 EL Öl in einer weiteren Pfanne erhitzen. Darin die Auberginenscheiben jeweils 1 – 2 Minuten pro Seite anbraten. Gebratene Streifen jeweils am einen Ende mit 1 EL Gemüsemischung belegen und aufrollen. Die Röllchen in die Auflaufform legen. Die restliche Füllung um die Röllchen verteilen. Wasser angießen, etwas salzen und die Form mit einem Deckel schließen. Im heißen Ofen (Mitte) etwa 25 Minuten garen.
- Für die Joghurtcreme den Joghurt mit Crème fraîche verrühren. Knoblauch schälen und fein schneiden. Knoblauch in die Joghurtcreme rühren und die Creme mit Salz und Pfeffer abschmecken.
- Fertig gegarte Auberginenröllchen mit ½ EL gehackter Petersilie bestreuen und mit der Joghurtcreme servieren.

Zucchinitortilla mit Rosmarin und Thymian

200 g Buchweizen
400 ml Gemüsebrühe
2 Zweige Rosmarin
2 Zucchini
1 Gemüsezwiebel
2 Knoblauchzehen
1 Bund Petersilie
2 EL natives Kokosöl, Olivenöl oder Rapsöl
6 frische Eier
1 EL Thymian, frisch gehackt
2 – 3 EL Mineralwasser mit Kohlensäure
Meersalz
Pfeffer, frisch gemahlen
200 g Kirschtomaten

- In einem Topf Buchweizen mit Gemüsebrühe aufkochen. Rosmarinzweige zugeben und den Buchweizen zugedeckt bei mäßiger Hitze etwa 15 Minuten garen oder quellen lassen. Dabei ab und zu umrühren.
- Zucchini in dünne Scheiben schneiden. Zwiebel und Knoblauch schälen und fein würfeln. Petersilienblättchen abzupfen und fein hacken. In einer ofenfesten Pfanne das Öl erhitzen. Darin Zucchinischeiben sowie Zwiebel und Knoblauch 4 Minuten anbraten. Gegarten Buchweizen zugeben und kurz mitbraten.
- Backofen auf 180 °C vorheizen. Eier mit Thymian und Mineralwasser verquirlen, dabei mit Salz und Pfeffer würzen. Über die Zucchini in die Pfanne gießen. Kirschtomaten gleichmäßig darauf verteilen und die Eimasse zugedeckt 10 Minuten stocken lassen. Anschließend im heißen Ofen (Mitte) 8 Minuten offen garen.
- Fertig gebackene Tortilla vorsichtig auf einen großen Teller gleiten lassen. In Tortenstücke schneiden und servieren.

Pfannkuchenlasagne

200 g Buchweizen, gemahlen
3 Eier
300 ml Milch
30 g Quark
Meersalz
200 g Hokkaidokürbis
200 g Pastinaken
200 g Champignons
1 Zwiebel
150 g Emmentaler
3 EL natives Kokosöl, Rapsöl oder Butter
850 ml passierte Tomaten aus dem Glas
Pfeffer, frisch gemahlen
1 EL Petersilie, frisch gehackt
1 EL Schnittlauch, frisch gehackt

- Mehl, Eier, Milch und Quark mit 1 Prise Salz zu einem glatten Pfannkuchenteig verrühren. Teig 15 Minuten quellen lassen.
- Kürbis entkernen. Pastinaken und Champignons putzen. Kürbis, Pastinaken und Pilze fein würfeln. Zwiebel schälen und klein hacken. Emmentaler reiben. Backofen auf 200 °C vorheizen. Ein Backblech mit Backpapier belegen.
- 1 – 2 EL Öl oder Butter in einer Pfanne erhitzen. Darin Zwiebel, Kürbis, Pastinaken und Pilze 3 – 5 Minuten dünsten. Passierte Tomaten zugeben und etwa 15 Minuten bei mittlerer Hitze einkochen lassen. Mit Salz und Pfeffer würzen. Kräuter unterrühren.
- Inzwischen weiter für die Pfannkuchen etwas Öl oder Butter in einer Pfanne erhitzen. Darin aus dem Teig nacheinander 5 Pfannkuchen jeweils 1 – 2 Minuten pro Seite ausbacken.
- Einen Pfannkuchen auf das Blech legen und ein Viertel der Tomatensauce darauf verteilen. Etwa ein Fünftel des Emmentalers darüberstreuen. Einen zweiten Pfannkuchen auflegen. So Pfannkuchen mit Sauce und Käse weiter aufschichten. Den obersten Pfannkuchen nur mit Käse bestreuen. Pfannkuchenlasagne im heißen Ofen (Mitte) etwa 20 Minuten offen garen.
- Fertig gebackene Lasagne in Stücke schneiden und servieren.

Gefüllte Zucchini

150 g Buchweizengrütze
300 ml Gemüsebrühe
4 etwas größere Zucchini
500 g Champignons
6 – 8 getrocknete Tomaten
1 Zwiebel
1 EL Butter
Meersalz
Pfeffer, frisch gemahlen
1 TL Petersilie, frisch gehackt
1 TL Majoran, frisch gehackt
150 g Frischkäse
150 g Crème fraîche
200 ml Sahne
1 TL scharfes Paprikapulver

- In einem Topf Buchweizengrütze mit Gemüsebrühe aufkochen. Zugedeckt bei mäßiger Hitze etwa 15 Minuten garen oder quellen lassen. Dabei ab und zu umrühren.
- Zucchini in je 3 Stücke schneiden und mit einem Teelöffel aushöhlen, dabei einen 1 cm breiten Rand stehen lassen. Fruchtfleisch klein schneiden. Champignons putzen und in Scheiben schneiden. Getrocknete Tomaten klein schneiden. Zwiebel schälen und klein würfeln.
- Butter in einer Pfanne erhitzen. Darin Zwiebel, Zucchinifruchtfleisch und Champignons 5 Minuten bei starker Hitze anbraten. Salzen und pfeffern. Gegarte Buchweizengrütze, gehackte Kräuter sowie Frischkäse unterrühren. Die ausgehöhlten Zucchinistücke mit der Masse füllen.
- Backofen auf 200 °C vorheizen. In einer ofenfesten Form Crème fraîche mit Sahne und Paprikapulver verrühren. Etwas salzen und pfeffern. Die Zucchinistücke in die Sahnesauce setzen und im heißen Ofen (Mitte) 20 – 25 Minuten offen garen.

Gefüllte Tomaten

1 kg Fleischtomaten
2 Knoblauchzehen
1 EL Olivenöl
120 g Buchweizengrütze
200 ml Wasser
Meersalz
½ Bund Frühlingszwiebeln
50 g Frischkäse
1 TL Petersilie, frisch gehackt
1 TL Schnittlauch, frisch gehackt
1 TL Thymian, frisch gehackt
Olivenöl für die Auflaufform

- Von den Tomaten jeweils einen Deckel abschneiden und beiseite legen. Tomaten mit einem Löffel etwas aushöhlen und das Fruchtfleisch klein hacken. Knoblauch schälen und klein schneiden.
- Öl in einem Topf erhitzen. Darin Knoblauch und Buchweizengrütze kurz anschwitzen. Tomatenfruchtfleisch und Wasser mit etwas Salz zugeben und aufkochen. Sauce zugedeckt bei mittlerer Hitze etwa 15 Minuten köcheln, bis die Flüssigkeit aufgesogen ist.
- Backofen auf 200 °C vorheizen. Eine Auflaufform fetten.
- Frühlingszwiebeln putzen und klein schneiden. Zusammen mit Frischkäse und den gehackten Kräutern unter den gegarten Buchweizen rühren. Die Masse in die Tomaten füllen, die Deckel wieder auf die Tomaten legen. Die gefüllten Tomaten in die Auflaufform setzen und im heißen Ofen (Mitte) 25 Minuten offen garen.
- Fertig gegarte Tomaten heiß servieren.

Tipp

Zu den gefüllten Tomaten passt gut eine **Avocadocreme.**

- Dafür den Saft 1 Limette auspressen. 1 Knoblauchzehe schälen und fein hacken. 50 g Manchego reiben. 1 Avocado halbieren, entsteinen, das Fruchtfleisch herausheben und mit einer Gabel zerdrücken.
- Fruchtfleisch mit Limettensaft, Knoblauch und Manchego verrühren.
- Mit Meersalz und frisch gemahlenem Pfeffer abschmecken.

Polenta-Buchweizen-Gnocchi aus dem Ofen

150 g Polenta
50 g Buchweizengrieß
½ l Wasser
1 TL Meersalz
2 Knoblauchzehen
100 g Butter
1 TL Petersilie, frisch gehackt
1 TL Oregano, frisch gehackt
1 TL Thymian, frisch gehackt
Butter für die Auflaufform
50 g Parmesan

- Ein Holzbrett oder Backblech mit Backpapier belegen. Polenta und Buchweizengrieß mischen. Wasser mit Salz in einem Topf zum Kochen bringen. Polentamischung unter ständigem Rühren einrieseln lassen. Etwa 20 Minuten bei kleiner Hitze zu einem dicken Brei köcheln lassen, dabei häufig rühren. Den Brei auf das Holzbrett oder Blech schütten und etwa 1 cm dick ausstreichen. Etwa 30 Minuten kalt stellen und fest werden lassen.
- Inzwischen Knoblauch schälen und fein hacken. Butter in einem Topf zerlassen. Darin Knoblauch kurz dünsten. Kräuter zugeben, verrühren und vom Herd nehmen. Backofen auf 220 °C vorheizen. Eine Auflaufform fetten. Parmesan reiben.
- Mithilfe eines Glases vorsichtig runde Scheiben aus dem Grieß ausstechen. Die Scheiben dachziegelartig in die Auflaufform schichten und mit Parmesan bestreuen. Die flüssige Kräuterbutter gleichmäßig über den Gnocchi verteilen und die Gnocchi im heißen Ofen 10 Minuten offen garen. Heiß servieren.

Zwiebelauflauf mit Bergkäse

200 g Buchweizen
400 ml Gemüsebrühe
½ Stange Lauch
400 g rote Zwiebeln
400 g weiße Zwiebeln
2 EL Butter
Meersalz
Pfeffer, frisch gemahlen
3 EL Portwein oder roter Traubensaft
120 ml Sahne
½ TL Kümmelsamen
½ TL Fenchelsamen
1 EL Thymian, frisch gehackt
Butter für die Auflaufform
150 g Bergkäse
4 Zweige Thymian

- In einem Topf Buchweizen mit Gemüsebrühe aufkochen. Zugedeckt bei mäßiger Hitze etwa 15 Minuten garen oder quellen lassen. Dabei ab und zu umrühren.
- Lauch putzen und in Ringe schneiden. Zwiebeln schälen, halbieren und in Scheiben schneiden. In einer Pfanne die Butter erhitzen. Darin Lauch und Zwiebeln etwa 5 Minuten anbraten. Etwas salzen und pfeffern. Mit Wein oder Traubensaft ablöschen. Sahne zugeben und zugedeckt bei mittlerer Hitze 10 Minuten köcheln lassen.
- Kümmel und Fenchel in einem Mörser zerstoßen und mit dem gehackten Thymian unter die Zwiebeln mischen. Backofen auf 200 °C vorheizen. Eine Auflaufform fetten. Bergkäse reiben.
- Gegarten Buchweizen zur Zwiebel-Sahne-Mischung geben, vermengen und in die Auflaufform füllen. Alles etwas salzen und pfeffern. Mit geriebenem Käse bestreuen. Im heißen Ofen (Mitte) etwa 20 Minuten offen garen.
- Fertig gebackenen Zwiebelauflauf in vier Portionen teilen und mit je einem Thymianzweig garnieren und servieren.

Bunter Auflauf provenzalisch

200 g Buchweizen
400 ml Gemüsebrühe
4 rote Zwiebeln
3 Knoblauchzehen
500 g Auberginen
500 g Zucchini
400 g Fleischtomaten
200 g Mozzarella
Meersalz
4 EL Olivenöl
Pfeffer, frisch gemahlen
1 gehäufter TL Basilikum, frisch gehackt
1 gehäufter TL Oregano, frisch gehackt
1 gehäufter TL Petersilie, frisch gehackt
1 TL Rosmarin, frisch gehackt
70 g Parmesan
20 g (2 EL) Buchweizenflocken

➤ In einem Topf Buchweizen mit Gemüsebrühe aufkochen. Zugedeckt bei mäßiger Hitze etwa 15 Minuten garen oder quellen lassen. Dabei ab und zu umrühren.
➤ Backofen auf 180 °C vorheizen. Ein Backblech mit Backpapier belegen.
➤ Zwiebeln und Knoblauch schälen. Zwiebeln in Ringe schneiden, Knoblauch fein würfeln. Auberginen, Zucchini, Tomaten und Mozzarella in 8 mm dicke Scheiben schneiden. Auberginen und Zucchini auf das Backblech legen, leicht salzen und im heißen Ofen (Mitte) 8 Minuten vorgaren.

- 3 EL Öl in einer Pfanne erhitzen. Darin Zwiebeln und Knoblauch weich dünsten. Eine Auflaufform mit 1 EL Öl fetten und mit den Zwiebelringen und Knoblauch füllen. Gegarten Buchweizen gleichmäßig auf den Zwiebelringen verteilen. Auberginenscheiben vom Blech auf dem Buchweizen verteilen. Darauf abwechselnd Tomatenscheiben und Mozzarellascheiben aufschichten. Alles gleichmäßig salzen und pfeffern. Den Auflauf mit den gehackten Kräutern und Zucchinischeiben bedecken und im heißen Ofen (Mitte) 25 Minuten offen garen.
- Parmesan reiben und mit 1 EL Öl und den Buchweizenflocken vermengen. Auflauf aus dem Ofen nehmen, mit der Flocken-Käse-Mischung bestreuen und weitere 20 Minuten fertigbacken. Heiß servieren.

Grill-Bohnentopf

400 g getrocknete weiße Riesenbohnen
Wasser zum Einweichen und Garen der weißen Bohnen
200 g Buchweizen
400 ml Gemüsebrühe
500 g grüne Bohnen
3 Zweige Bohnenkraut
Meersalz
2 Möhren
1 Knoblauchzehe
1 Bund Frühlingszwiebeln
4 EL Olivenöl
½ l passierte Tomaten aus dem Glas
1 EL scharfes Tomatenmark
1 Lorbeerblatt
1 EL Thymian, frisch gehackt
Pfeffer, frisch gemahlen
1 EL Petersilie, frisch gehackt

- Die getrockneten Bohnen über Nacht in kaltem Wasser einweichen. Am nächsten Tag das Wasser abgießen und die Bohnen mit frischem Wasser bei mittlerer Hitze bissfest garen.
- In einem Topf Buchweizen mit Gemüsebrühe aufkochen. Zugedeckt bei mäßiger Hitze etwa 15 Minuten garen oder quellen lassen. Dabei ab und zu umrühren.
- Grüne Bohnen putzen und halbieren. In Wasser mit Bohnenkraut und etwas Salz bissfest garen.
- Möhren putzen und klein würfeln. Knoblauch schälen und klein schneiden. Frühlingszwiebeln putzen und in feine Ringe schneiden. In einer Pfanne das Öl erhitzen. Darin Frühlingszwiebeln und Knoblauch 5 Minuten anschwitzen. Möhren, passierte Tomaten und das Tomatenmark zugeben und 10 Minuten zugedeckt bei mittlerer Hitze köcheln lassen.
- Backofen auf 170 °C vorheizen.

- Weiße Bohnen, grüne Bohnen, gegarten Buchweizen und Tomatensauce in eine Auflaufform füllen und mischen. Dabei Lorbeerblatt und Thymian zugeben und mit Salz und Pfeffer würzen. Im heißen Ofen (unten) 30 – 40 Minuten offen garen, bis die Flüssigkeit fast verkocht ist.
- Fertig gegarte Grill-Bohnen mit Petersilie bestreut servieren.

Überbackene Buchweizenburger

250 g Buchweizengrütze
700 ml Wasser
3 EL Walnüsse
1 rote Zwiebel
2 Knoblauchzehen
1 Apfel
3 EL Olivenöl
5 EL glutenfreies Vollkorn-Paniermehl
2 frische Eier
Meersalz
Pfeffer, frisch gemahlen
500 g kleine Champignons
2 EL Tomatenmark
850 g stückige Tomaten aus dem Glas
1 EL Oregano, frisch gehackt
200 ml Sahne
150 g Gouda

- In einem Topf Buchweizengrütze mit ½ l Wasser aufkochen. Zugedeckt bei mäßiger Hitze etwa 15 Minuten garen oder quellen lassen. Dabei ab und zu umrühren.
- Walnüsse hacken. Zwiebel und Knoblauch schälen und fein würfeln. Apfel schälen, entkernen und fein würfeln. In einer Pfanne 1 EL Öl erhitzen. Darin Zwiebel und Knoblauch glasig braten.
- Paniermehl, Apfel, gebratene Zwiebelmischung und Eier zur Buchweizengrütze geben und zu einem Teig verkneten. Mit Salz und Pfeffer würzen. Walnüsse einarbeiten. Aus dem Teig Burger formen, Anzahl und Größe nach Belieben.

Variante: Brokkoli-Nudel-Auflauf

Ganz unkompliziert ist auch der folgende Nudelauflauf.

- Dafür 500 g Buchweizennudeln, zum Beispiel Penne, al dente garen.
- 200 – 300 g Brokkoli in Röschen teilen und in Wasser bissfest garen. Eine Auflaufform fetten und den Backofen auf 200 °C vorheizen.
- Aus 6 frischen Eiern und 400 g saurer Sahne oder Schmand einen Guss rühren. Guss mit 1 fein gehackten Knoblauchzehe, Meersalz, frisch gemahlenem Pfeffer und geriebenem Muskat würzen. 200 g Feta in 1 cm große Würfel schneiden und zum Guss geben.
- Abgetropfte Nudeln und Brokkoli in die Auflaufform füllen. Mit dem Guss übergießen und mit 200 g geriebenem Emmentaler bestreuen. Im heißen Ofen (Mitte) etwa 30 Minuten offen garen. Fertig gebackenen Auflauf mit 4 EL grob gehackten, gerösteten Walnüssen bestreuen und servieren.

➤ 2 EL Öl in einer Pfanne erhitzen. Darin die Burger etwa 3 Minuten pro Seite goldbraun braten. Burger in eine Auflaufform legen, Burger-Bratöl in der Pfanne lassen. Backofen auf 200 °C vorheizen.

➤ Champignons putzen und im Bratöl der Burger 5 – 6 Minuten braten. Etwas salzen und pfeffern. Tomatenmark und stückige Tomaten einrühren. 200 ml Wasser und Sahne zugeben. Aufkochen und 5 Minuten köcheln lassen. Oregano zugeben und abschmecken.

➤ Gouda reiben. Champignon-Tomaten-Sahne über die Burger in die Auflaufform gießen. Gouda darüber verteilen. Im heißen Ofen (Mitte) 30 Minuten offen garen. Warm servieren.

Salate

Bunter Buchweizensalat mit Meerrettich-Frischkäse

150 g Buchweizen
300 ml Gemüsebrühe
50 g Walnüsse
2 Möhren
¼ Knolle Sellerie
1 Stange Lauch
1 rote Paprikaschote
4 EL natives Kokosöl, Olivenöl oder Rapsöl
½ Zitrone
2 EL Meerrettich, frisch gerieben
200 g Frischkäse
Meersalz
Pfeffer, frisch gemahlen
1 Prise feiner Vollrohrzucker

➤ In einem Topf Buchweizen mit Gemüsebrühe aufkochen. Zugedeckt bei mäßiger Hitze etwa 15 Minuten garen oder quellen lassen. Dabei ab und zu umrühren.
➤ Walnüsse klein hacken und in einer Pfanne ohne Fett anrösten, bis sie fein duften. In eine große Schüssel füllen. Möhren und Sellerie schälen und in kleine Würfel schneiden. Lauch der Länge nach halbieren, putzen und fein schneiden. Paprika entkernen und klein würfeln. Das Öl in einer Pfanne erhitzen. Darin das Gemüse bissfest garen. Gemüse und gegarten Buchweizen zu den Walnüssen in die Schüssel geben und vermengen.
➤ Saft der Zitrone auspressen und mit Meerrettich und Frischkäse glatt rühren. Mit Salz, Pfeffer und Zucker würzen. Unter den Salat heben, durchrühren und abschmecken. Vor dem Servieren nach Geschmack noch etwas ziehen lassen.

Linsensalat mit Buchweizensprossen

2 Zwiebeln
1 Lorbeerblatt
2 Gewürznelken
200 g grüne Linsen
(zum Beispiel Du Puy, die beim Garen etwas bissfester bleiben)
Wasser zum Garen der Linsen
5 EL Rapsöl
3 EL Apfelessig
1 Knoblauchzehe
Meersalz
Pfeffer, frisch gemahlen
feiner Vollrohrzucker
400 g Hokkaidokürbis
100 g Zucchini
100 ml Gemüsebrühe
1 EL Petersilie, frisch gehackt
1 EL Schnittlauch, frisch gehackt
100 g Buchweizensprossen (siehe Seite 22)

- 1 Zwiebel schälen und mit Lorbeerblatt und Gewürznelken spicken. Linsen in ausreichend Wasser mit der gespickten Zwiebel etwa 25 Minuten bissfest kochen. Gegarte Linsen durch ein Sieb abgießen und die Zwiebel entfernen. Linsen in eine Schüssel geben und abkühlen lassen.
- Knoblauch schälen und fein hacken. Mit 3 EL Öl und Essig zu den gegarten Linsen geben, mit Salz, Pfeffer und Zucker würzen. Gut durchrühren und 20 Minuten durchziehen lassen.
- Kürbis entkernen und ebenso wie Zucchini in kleine Würfel schneiden. 1 Zwiebel schälen und klein würfeln. 2 EL Öl in einer Pfanne erhitzen. Darin Zwiebel, Kürbis und Zucchini kurz dünsten. Mit Brühe ablöschen und bei schwacher Hitze 10 Minuten offen köcheln lassen. Das Gemüse vom Herd nehmen und abkühlen lassen. Zu den Linsen geben und mischen. Kurz ziehen lassen.
- Kräuter unter den Salat mischen. Mit Salz und Pfeffer abschmecken.
- Mit Buchweizensprossen garniert servieren.

Rote-Bete-Salat mit Senfgurken

800 g Rote Bete
1 Lorbeerblatt
Meersalz
100 g Buchweizengrütze
200 ml Wasser
1 Bund Frühlingszwiebeln
2 Knoblauchzehen
100 g Senfgurken
5 EL Walnüsse
4 EL Rapsöl
2 EL Apfelessig
Pfeffer, frisch gemahlen
feiner Vollrohrzucker
½ Bund Petersilie

- Rote Bete mit Lorbeerblatt und wenig Salz in ausreichend Wasser bei mittlerer Hitze bissfest garen. Dann schälen und klein würfeln.
- In einem Topf Buchweizengrütze mit Wasser und etwas Salz aufkochen. Zugedeckt bei mäßiger Hitze etwa 15 Minuten garen oder quellen lassen. Dabei ab und zu umrühren.
- Frühlingszwiebeln putzen und klein schneiden. Knoblauch schälen und fein hacken. Senfgurken klein würfeln. Walnüsse hacken.
- In einer Schüssel Frühlingszwiebeln, Knoblauch, Gurken und gegarte Buchweizengrütze mit der klein gewürfelten Roten Bete mischen. Mit Öl und Essig beträufeln und gut durchrühren. Mit Salz, Pfeffer und Zucker abschmecken.
- Petersilienblättchen abzupfen und klein hacken.
- Den Salat mit Petersilie bestreut servieren.

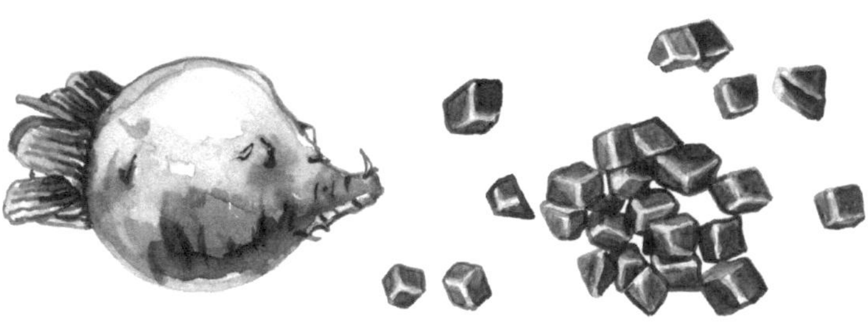

Gurken-Tomaten-Salat mit Minze

150 g Buchweizen
300 ml Gemüsebrühe
1 gelbe Paprikaschote
1 rote Paprikaschote
2 Fleischtomaten
200 g Salatgurken
2 Knoblauchzehen
1 Bund Frühlingszwiebeln
5 EL Olivenöl
3 EL Apfelessig
Meersalz
Pfeffer, frisch gemahlen
1 Prise feiner Vollrohrzucker
½ Bund Petersilie
5 Blätter Minze

- In einem Topf Buchweizen mit Gemüsebrühe aufkochen. Zugedeckt bei mäßiger Hitze etwa 15 Minuten garen oder quellen lassen. Dabei ab und zu umrühren. Dann in eine große Schüssel füllen und abkühlen lassen.
- Paprika entkernen und Stielansätze der Tomaten entfernen. Paprika, Tomaten und Gurken in 1 cm große Würfel schneiden. Knoblauch schälen und klein hacken. Frühlingszwiebeln putzen und fein schneiden.
- Gemüse unter die abgekühlten Buchweizenkörner mischen.
- Olivenöl mit Apfelessig, Salz, Pfeffer und Zucker zu einem Dressing verrühren. Über den Salat gießen und etwa 20 Minuten kühl gestellt durchziehen lassen.
- Petersilienblättchen abzupfen und fein hacken. Minze fein schneiden.
- Die Kräuter zum Salat geben, durchmischen, abschmecken und den Salat servieren.

Wildkräutersalat

100 g Buchweizen
200 ml Wasser
Meersalz
1 rote Zwiebel
1 Knoblauchzehe
100 g schwarze Oliven, entsteint
250 g junger Löwenzahn
250 g Rucola
100 g Sauerampfer
3 EL Apfelessig
2 EL Leinöl
Pfeffer, frisch gemahlen

- In einem Topf Buchweizen mit Wasser und etwas Salz aufkochen. Zugedeckt bei mäßiger Hitze etwa 15 Minuten garen oder quellen lassen. Dabei ab und zu umrühren. Dann in eine große Schüssel füllen und abkühlen lassen.
- Zwiebel schälen und klein würfeln. Knoblauch schälen und fein hacken. Oliven klein schneiden. Wildkräuter putzen, große Blätter gegebenenfalls zerkleinern. Zwiebel, Knoblauch, Oliven und Wildkräuter zum gegarten Buchweizen geben und vermischen.
- Apfelessig mit Leinöl, Salz und Pfeffer zu einem Dressing verrühren. Über den Salat gießen. Alles vorsichtig vermengen, abschmecken und servieren.

Griechischer Buchweizensalat mit Oliven und Feta

150 g Buchweizen
300 ml Wasser
Meersalz
2 rote Paprikaschoten
1 Salatgurke
500 g Weißkohl
2 rote Zwiebeln
500 g Tomaten
1 Bund Petersilie
100 g grüne Oliven, entsteint
250 g Feta
4 EL Olivenöl
2 EL Weißweinessig
Pfeffer, frisch gemahlen

- In einem Topf Buchweizen mit Wasser und etwas Salz aufkochen. Zugedeckt bei mäßiger Hitze etwa 15 Minuten garen oder quellen lassen. Dabei ab und zu umrühren. Dann in eine große Schüssel füllen und abkühlen lassen.
- Paprika entkernen und in kleine Würfel schneiden. Salatgurke der Länge nach halbieren. Mit einem Teelöffel die Kerne entfernen und die Gurke in 5 mm dicke Scheiben schneiden. Weißkohl putzen, den Strunk entfernen und Kohl in feine Streifen hobeln oder schneiden. Zwiebeln schälen und klein würfeln. Stielansätze der Tomaten entfernen und Tomaten klein schneiden. Petersilienblättchen abzupfen und klein hacken. Oliven halbieren. Feta in 1 cm große Würfel schneiden.
- Gemüse, Petersilie, Oliven und Feta zum gegarten Buchweizen geben und alles gut vermengen. Öl und Essig dazugeben, verrühren und mit Salz und Pfeffer abschmecken.
- Salat kurz ziehen lassen und servieren.

Orientalischer Salat á la Bulgur

2 cm frische Kurkumawurzel oder ½ – 1 TL Kurkumapulver
1 MSP gemahlener Kreuzkümmel
100 g Buchweizen
200 ml Gemüsebrühe
2 rote Zwiebeln
2 Knoblauchzehen
2 gelbe Paprikaschoten
300 g Möhren
200 g Zucchini
5 EL Olivenöl
Meersalz
Pfeffer, frisch gemahlen
200 ml Wasser
½ Bund Petersilie
¼ Bund Minze
100 g schwarze Oliven, entsteint
2 EL Weißweinessig

- Frische Kurkuma schälen und sehr klein schneiden. In einem Topf Buchweizen mit Gemüsebrühe, Kurkuma und Kreuzkümmel aufkochen. Zugedeckt bei mäßiger Hitze etwa 15 Minuten garen oder quellen lassen. Dabei ab und zu umrühren. Dann in eine große Schüssel füllen und abkühlen lassen.
- Zwiebeln und Knoblauch schälen. Zwiebeln in feine Spalten schneiden und Knoblauch sehr fein hacken. Paprika entkernen und in 2 cm große Stücke schneiden. Möhren und Zucchini putzen, der Länge nach vierteln und in 2 cm lange Stücke teilen.
- 2 EL Öl in einer Pfanne erhitzen. Darin Zwiebeln, Knoblauch, Möhren, Paprika und Zucchini 2 Minuten andünsten. Mit Salz und Pfeffer würzen. Mit Wasser ablöschen und 5 Minuten bissfest garen. Kurz abkühlen lassen und zum gegarten Buchweizen geben.
- Petersilienblättchen und Minzeblätter fein hacken. Mit den Oliven zum Buchweizen geben. Alles gut durchmischen. 3 EL Öl und Essig dazugeben, verrühren und mit Salz und Pfeffer abschmecken.
- Salat kurz ziehen lassen und servieren.

Fruchtiger Salat mit Käsepralinen

60 g Pinienkerne
1 Eisbergsalat
100 g Buchweizensprossen
½ Zitrone
200 g Erdbeeren
1 Mango
1 Avocado
2 EL Leinöl
2 EL Himbeeressig
1 TL Honig
Meersalz
Pfeffer, frisch gemahlen

Käsepralinen:
20 g (2 EL) Buchweizenflocken
8 Blätter Basilikum
2 Knoblauchzehen
100 g Feta
100 g Frischkäse
1 TL Olivenöl
Meersalz

- Für die Pralinen Buchweizenflocken in einer Pfanne ohne Fett knusprig anrösten. In eine Schüssel geben. Basilikum fein schneiden, zu den Buchweizenflocken geben und vermengen. Knoblauch schälen und fein hacken. Feta mit Frischkäse, Öl, Knoblauch und etwas Salz verkneten. Kirschgroße Kugeln daraus formen und in der Basilikummischung wälzen.
- Pinienkerne in einer Pfanne ohne Fett rösten, bis sie fein duften. Auf einem Teller abkühlen lassen.
- Eisbergsalat putzen, Salatblätter in mundgerechte Stücke zupfen und in eine große Schüssel füllen. Buchweizensprossen dazugeben und vermengen.

- Saft der Zitrone auspressen. Erdbeeren putzen und je nach Größe halbieren oder vierteln. Mango schälen, Fruchtfleisch vom Kern schneiden und 1 cm groß würfeln. Avocado halbieren, den Stein entfernen. Fruchtfleisch aus der Schale lösen und in feine Spalten schneiden. Erdbeeren, Mango und Avocado zum Salat in die Schüssel geben und mit Zitronensaft beträufeln.
- Öl, Essig und Honig mit Salz und Pfeffer zu einem Dressing verrühren. Dressing zum Salat geben und vorsichtig durchmischen.
- Salat mit Knoblauch-Käse-Pralinen garnieren und mit Pinienkernen bestreut servieren.

Grüne-Bohnen-Salat mit Knusperwürfeln

4 frische Eier
400 g grüne Bohnen
Meersalz
2 rote Zwiebeln
100 g Buchweizensprossen
Pfeffer, frisch gemahlen
½ Zitrone
4 EL Sojasauce
1 – 2 EL Olivenöl

Knusperwürfel:
2 frische Eier
3 ½ – 4 EL Buchweizen, gemahlen
2 – 3 EL glutenfreies Vollkorn-Paniermehl
2 – 3 EL Olivenöl

- Für den Salat die Eier hart kochen. Dann abschrecken, schälen und vierteln. Grüne Bohnen putzen. Bohnen in ausreichend Wasser mit etwas Salz 10 Minuten garen. Aus dem Wasser nehmen und abtropfen lassen. In eine große Schüssel füllen und abkühlen lassen.
- Zwiebeln schälen, klein würfeln und zu den Bohnen geben. Buchweizensprossen unterheben. Leicht salzen und pfeffern. Saft der Zitrone auspressen. Öl und Zitronensaft mit Sojasauce zu einem Dressing verrühren. Dressing zum Salat geben und verrühren.
- Für die Knusperwürfel die Eier verquirlen. Mit Mehl und Paniermehl zu einem festen Teig verrühren. Ist der Teig zu locker, noch etwas Paniermehl einarbeiten. Das Öl in einer Pfanne erhitzen. Teig in die Pfanne geben, mit einer Gabel flach drücken und bei mittlerer Hitze 2 Minuten pro Seite goldbraun ausbacken. Aus der Pfanne nehmen und in 1,5 cm große Würfel schneiden.
- Knusperwürfel und hart gekochte Eier vorsichtig unter den Salat heben. Salat mit Salz und Pfeffer abschmecken und servieren.

Nudel-Käse-Salat mit Melone

250 g Buchweizennudeln (zum Beispiel Hörnchennudeln)
Meersalz
100 g Gouda
100 g Emmentaler
300 g Netzmelone
70 g rote Johannisbeeren
2 EL Distelöl oder Rapsöl
2 EL Dattel-Balsamico
3 EL Wasser
Pfeffer, frisch gemahlen
1 Schälchen Kresse

- Nudeln in reichlich Wasser mit etwas Salz al dente garen. Durch ein Sieb abgießen, gut abtropfen lassen und in eine große Schüssel füllen.
- Gouda und Emmentaler in 1,5 cm große Würfel schneiden. Melone in Spalten schneiden, entkernen, schälen und ebenfalls in 1,5 cm große Würfel schneiden. Johannisbeeren von den Rispen streifen.
- Käsewürfel, Melonenstücke und Johannisbeeren zu den Nudeln geben.
- Öl, Balsamico und Wasser mit Salz und Pfeffer zu einem Dressing verrühren. Über den Salat gießen, vorsichtig durchmischen und den Salat noch etwas ziehen lassen.
- Kresse ernten, über den Salat streuen und den Salat servieren.

Suppen

Soba-Nudelsuppe

400 g Soba (japanische Buchweizennudeln)
2 kleine Pak Choi
40 g Ingwer
4 Frühlingszwiebeln
2 EL Sesamöl
800 ml Wasser
2 EL Shoyu oder Tamari
Meersalz
Pfeffer, frisch gemahlen

- ➤ Reichlich Wasser in einem Topf erhitzen und die Nudeln darin unter gelegentlichem Rühren al dente garen. Nudeln in ein Sieb abgießen, kalt abspülen und abtropfen lassen.
- ➤ Pak Choi putzen und in schmale Steifen schneiden. Ingwer schälen und fein schneiden. Frühlingszwiebeln putzen und fein hacken.
- ➤ Das Öl in einem Suppentopf erhitzen. Darin Ingwer kurz dünsten, Pak Choi und Wasser dazugeben und 3 – 5 Minuten köcheln lassen. Shoyu oder Tamari dazugeben und 1 Minute leicht ziehen, nicht kochen lassen. Nach Belieben mit Salz und Pfeffer abschmecken.
- ➤ Die Nudeln in Suppenschalen verteilen, mit der heißen Gemüsesuppe aufgießen und mit Frühlingszwiebeln bestreut servieren.

Variante: Soba mit Misobrühe

Die Nudeln schmecken auch mit Misobrühe gut.

- Dafür 4 – 5 EL Miso in etwas lauwarmem Wasser auflösen. Dies statt Shoyu oder Tamari in die Ingwer-Brühe rühren und die Brühe damit abschmecken. Nicht mehr kochen lassen. Diese Brühe heiß über die Nudeln in die Suppenschalen geben.
- Statt Frühlingszwiebeln schmeckt auch Kresse dazu.

Kräuter-Pfannkuchen-Suppe

75 g Buchweizen, gemahlen
50 g Speisestärke
150 ml Milch
1 frisches Ei
2 EL Rapsöl
Meersalz
2 EL Kräuter, frisch gehackt
(zum Beispiel Bärlauch, Petersilie, Thymian)
2 Zwiebeln
1 Knoblauchzehe
2 Möhren
100 g Champignons
1 EL Butter
1 l Gemüsebrühe
½ Bund Schnittlauch
Pfeffer, frisch gemahlen

- Mehl mit Speisestärke in einer Schüssel mischen. Mit Milch, Ei, 1 EL Öl, 1 TL Salz und gehackten Kräutern zu einem glatten Pfannkuchenteig verrühren. Teig 10 Minuten quellen lassen.
- 1 EL Öl in einer Pfanne erhitzen. Darin den Teig portionsweise zu Pfannkuchen ausbacken. Die fertigen Pfannkuchen auf einem Teller zur Seite stellen.
- Zwiebeln und Knoblauch schälen und fein hacken. Möhren schälen und in dünne Stifte schneiden. Champignons putzen und in Scheiben schneiden.
- Butter in einem Suppentopf erhitzen. Darin Zwiebeln, Knoblauch und Möhren anschwitzen. Gemüsebrühe angießen und zugedeckt bei mittlerer Hitze 10 Minuten köcheln lassen. Champignons zugeben und weitere 5 Minuten köcheln lassen.
- Pfannkuchen aufrollen und in Streifen schneiden. Schnittlauch in Röllchen schneiden. Schnittlauch zur Suppe geben und mit Salz und Pfeffer abschmecken.
- Pfannkuchenstreifen in Suppenteller geben, mit der Gemüsesuppe übergießen und servieren.

Eierfädchen-Suppe

100 g Buchweizen, gemahlen
2 frische Eier
Meersalz
2 EL Rapsöl
1 Bund Suppengemüse (Knollensellerie, Möhren, Lauch)
1 Zwiebel
1 Knoblauchzehe
1 l Gemüsebrühe
Pfeffer, frisch gemahlen
1 EL Schnittlauch, frisch gehackt
1 EL Petersilie, frisch gehackt

- In einer Schüssel Mehl mit Eiern, 1 TL Salz und 1 EL Öl mit einem Rührlöffel zu einem zähen Teig verrühren oder verschlagen.
- Reichlich Wasser mit etwas Salz in einem Topf zum Kochen bringen. Teig portionsweise auf ein Holzbrett geben und mit einem breiten Messer immer wieder eine kleine Menge in das Wasser geben. Die Fädchen sind fertig, wenn sie an der Oberfläche schwimmen. Mit einem Schaumlöffel aus dem Wasser heben, mit kaltem Wasser abschrecken und abtropfen lassen. In einer Schüssel zur Seite stellen.
- Suppengemüse putzen, schälen und klein würfeln. Zwiebel und Knoblauch schälen und ebenfalls klein würfeln. 1 EL Öl in einem Suppentopf erhitzen. Darin Zwiebel, Knoblauch und Suppengemüse 3 – 4 Minuten anschwitzen. Gemüsebrühe angießen und zugedeckt bei mittlerer Hitze 15 Minuten köcheln lassen.
- Die Brühe mit Salz und Pfeffer abschmecken. Kräuter unterrühren.
- Die Fädchen in die Suppe geben, kurz durchziehen lassen und die Suppe servieren.

Sommergemüsesuppe

1 Gemüsezwiebel
2 Möhren
150 g Kohlrabi
50 g Knollensellerie
200 g Blumenkohl
1 EL Butter
200 g Buchweizen
1 Lorbeerblatt
1 l Gemüsebrühe
150 g frische oder tiefgekühlte junge Erbsen
Meersalz
Pfeffer, frisch gemahlen

- Zwiebel, Möhren, Kohlrabi und Sellerie schälen. Zwiebel klein würfeln. Möhren, Sellerie und Kohlrabi in 1 cm große Würfel schneiden. Blumenkohl in kleine Röschen teilen.
- Butter in einem Topf erhitzen. Zwiebel, Möhren, Sellerie und Kohlrabi darin 5 Minuten dünsten. Blumenkohlröschen und Buchweizen zugeben und kurz mitdünsten. Lorbeerblatt und Gemüsebrühe zugeben und zugedeckt bei mittlerer Hitze 10 Minuten köcheln lassen.
- Erbsen zur Suppe geben. Die Suppe etwas salzen, pfeffern und nochmals 5 – 10 Minuten köcheln lassen. Das Lorbeerblatt entfernen.
- Suppe abschmecken und servieren.

Rassolnik

300 g Kartoffeln
2 Möhren
1 Pastinake
50 g Knollensellerie
2 Zwiebeln
4 Essiggurken
2 EL Butter
150 g Buchweizengrütze
1 l Gemüsebrühe
2 Lorbeerblätter
Meersalz
Pfeffer, frisch gemahlen
1 EL Dill, frisch gehackt
1 EL Estragon, frisch gehackt
100 g saure Sahne

- Kartoffeln, Möhren, Pastinake und Sellerie schälen und in 1 cm große Würfel schneiden. Zwiebel schälen und klein würfeln. Essiggurken ebenfalls klein würfeln.
- Butter in einem Suppentopf erhitzen. Darin Zwiebeln, Sellerie, Möhren, Pastinaken und Kartoffeln 3 Minuten anschwitzen. Buchweizengrütze zugeben und Gemüsebrühe angießen. Lorbeerblätter zugeben, etwas salzen und pfeffern. Zugedeckt bei mittlerer Hitze 20 Minuten köcheln lassen.
- Gurkenwürfel, Dill und Estragon zugeben und weitere 10 Minuten bei leichter Hitze köcheln lassen. Zum Schluss Lorbeerblätter entfernen und saure Sahne einrühren.
- Suppe mit Salz und Pfeffer abschmecken und servieren.

Tipps

- Gurkenwürfel, Dill und Estragon können auch zum Schluss, gemeinsam mit der sauren Sahne, zur Suppe gegeben werden.
- Ein Teil der Gemüsebrühe kann durch das Gurkenwasser, die Einlegeflüssigkeit der Gurken, ersetzt werden.

Paprikacremesuppe mit Pfannkuchenröllchen

etwas Rapsöl oder Olivenöl für das Backblech
6 rote oder gelbe Paprikaschoten
3 Zwiebeln
1 Knoblauchzehe
1 frische rote Chilischote
1 Lorbeerblatt
2 Wacholderbeeren
2 EL Sesamöl
½ l Gemüsebrühe
½ l passierte Tomaten aus dem Glas
250 g Schmand oder saure Sahne
Meersalz
Pfeffer, frisch gemahlen
scharfes Paprikapulver

Pfannkuchenröllchen:
25 g (3 – 3 ½ EL) Buchweizen, gemahlen
25 g (2 ½ – 3 EL) Speisestärke
70 ml Milch
2 – 3 EL Wasser
Meersalz
1 EL Butter, zerlassen
2 frische Eigelbe
etwas natives Kokosöl, Rapsöl oder Butter zum Ausbacken
100 g Spinat (Blattspinat)
1 TL Buchweizengrütze
20 – 30 g (1 ½ – 2 EL) glutenfreies Vollkorn-Paniermehl

➤ Backofen auf 220 °C mit Grillfunktion vorheizen. Ein Backblech fetten. Paprika vierteln, entkernen und mit der Hautseite nach oben auf das Blech legen. Im heißen Ofen (oben) etwa 10 Minuten backen, bis die Haut Blasen wirft. Paprikastücke aus dem Ofen nehmen. Mit einem feuchten Tuch bedecken, abkühlen lassen und anschließend häuten. Die gehäuteten Paprikaviertel in Stücke schneiden.

- Für die Pfannkuchenröllchen Mehl und Speisestärke in einer Schüssel mit Milch, Wasser und etwas Salz verrühren. Butter und 1 Eigelb unter den Teig rühren. Teig 30 Minuten quellen lassen.
- In einer Pfanne das Öl erhitzen. Darin aus dem Teig 2 dünne Pfannkuchen ausbacken. Die Pfannkuchen anschließend jeweils zu einem Quadrat zurechtschneiden.
- Spinat blanchieren oder in sehr wenig Wasser in einem Topf erhitzen und zusammenfallen lassen. Mit den Händen gut ausdrücken und klein hacken. Spinat mit 1 Eigelb, Buchweizengrütze und Paniermehl zu einer streichfähigen, festen Masse verrühren.
- Pfannkuchenquadrate jeweils auf ein Stück Alufolie oder Leintuch legen. Mit der Spinatmasse bestreichen und zu festen Rouladen aufrollen. Folie um die Teigrollen legen und Folienenden zusammendrehen oder den Stoff mit Garn fixieren. Die Spinatrouladen in heißem, nicht mehr kochendem Wasser 12 Minuten ziehen lassen. Aus dem Wasser nehmen und kurz zur Seite stellen.
- Weiter für die Suppe Zwiebeln und Knoblauch schälen. 2 Zwiebeln und Knoblauch grob zerkleinern. Chilischote klein schneiden, dabei eventuell entkernen. 1 Zwiebel mit dem Messer leicht anritzen und Lorbeerblatt und Wacholderbeeren in die Einschnitte drücken.
- Öl in einem Suppentopf erhitzen. Darin Zwiebelstücke, Knoblauch und Chili anschwitzen. Paprikastücke und gespickte Zwiebel zugeben. Brühe angießen und zugedeckt bei mittlerer Hitze 12 Minuten köcheln lassen.
- Gespickte Zwiebel entfernen und die Suppe pürieren. Passierte Tomaten und Schmand oder saure Sahne dazugeben und verrühren. Die Suppe mit Salz, Pfeffer und Paprikapulver abschmecken, eventuell nochmals erwärmen.
- Spinatrouladen in 1 cm dicke Scheiben schneiden und mit der Paprikacremesuppe servieren.

Tipp

Bereiten Sie gleich eine größere Menge Pfannkuchenteig, Spinatfüllung und daraus Pfannkuchenröllchen her. Sie passen gut als Einlage auch in anderen Suppen oder einfach als kleiner Snack zwischendurch.

Spinatcremesuppe mit Haselnussklößchen

250 g mehligkochende Kartoffeln
1 Zwiebel
2 EL Butter
1 l Gemüsebrühe
200 ml Milch
150 g Spinat (Blattspinat)
Meersalz
Pfeffer, frisch gemahlen

Haselnussklößchen:
60 g Haselnüsse
etwa 3 EL Buchweizengrieß
etwa 2 ½ EL Butter
2 frische Eier
Meersalz
Pfeffer, frisch gemahlen
Muskat, frisch gerieben

- Kartoffeln und Zwiebel schälen und klein würfeln. In einem Suppentopf die Butter erhitzen. Darin Zwiebel und Kartoffeln anschwitzen. Brühe und Milch angießen und zugedeckt bei mittlerer Hitze etwa 20 Minuten köcheln lassen.
- Spinat putzen, in die Suppe geben und 2 Minuten mitköcheln lassen. Anschließend die Suppe pürieren und mit Salz und Pfeffer abschmecken.
- Für die Klößchen die Haselnüsse mahlen und in einer Schüssel mit dem Buchweizengrieß vermengen. Butter schmelzen, mit den Eiern zur Grießmischung geben und zu einem festen Teig verrühren. Mit Salz, Pfeffer und Muskat würzen. Mit zwei Esslöffeln aus dem Teig Nocken abstechen und in der heißen Suppe 8 – 10 Minuten ziehen lassen. Warm servieren.

Wirsingcremesuppe mit Backerbsen

300 g Wirsing
500 g mehligkochende Kartoffeln
2 Zwiebeln
1 Knoblauchzehe
2 Birnen
3 EL Rapsöl
1 l Gemüsebrühe
½ Zitrone
200 ml Sahne
Meersalz
Pfeffer, frisch gemahlen

Backerbsen:
80 g Buchweizen, gemahlen
3 – 4 EL Milch
1 frisches Ei
1 TL Rapsöl
Meersalz, Pfeffer, frisch gemahlen
natives Kokosöl zum Ausbacken

- Für die Backerbsen Mehl mit Milch, Ei, Öl, etwas Salz und Pfeffer in einer Schüssel zu einem flüssigen Teig verrühren. Teig 10 Minuten ruhen lassen. Öl zum Ausbacken in einem Topf erhitzen. Teig durch ein weitmaschiges Sieb in das Öl tropfen lassen und rasch ausbacken. Die fertigen Backerbsen mit einem Schaumlöffel aus dem Öl heben und auf Küchenpapier abtropfen lassen.
- Für die Suppe Wirsing vierteln und den Strunk entfernen. Wirsing in schmale Streifen schneiden. Kartoffeln, Zwiebeln und Knoblauch schälen und klein würfeln. Kerngehäuse der Birnen entfernen und die Birnen klein schneiden.
- In einem Suppentopf das Öl erhitzen. Darin Zwiebeln, Knoblauch, Kartoffeln und Wirsing 5 Minuten dünsten. Birnen zugeben, Brühe angießen. Zugedeckt bei mittlerer Hitze 15 – 20 Minuten garen. Suppe anschließend pürieren. Saft der Zitrone auspressen. Sahne zur Suppe geben und kurz aufkochen. Mit Salz, Pfeffer und Zitronensaft abschmecken. Suppe mit Backerbsen garniert servieren.

Kürbiscremesuppe mit Brandteigbällchen

500 g Hokkaidokürbis
100 g mehligkochende Kartoffeln
3 Schalotten
30 g Ingwer
1 ½ EL Butter
700 ml Gemüsebrühe
200 ml Sahne
Meersalz
Pfeffer, frisch gemahlen
3 EL Kürbiskernöl

Brandteigbällchen:
80 g Parmesan
100 ml Wasser
1 ½ EL Butter
½ TL Meersalz
70 g Buchweizen, gemahlen
1 frisches Ei

➤ Für die Brandteigbällchen Backofen auf 220 °C vorheizen. Eine ofenfeste Schüssel mit Wasser auf den Ofenboden stellen. Ein Backblech mit Backpapier belegen. Parmesan reiben.
➤ In einem Topf das Wasser mit Butter und Salz aufkochen. Nach und nach das Mehl zugeben und mit einem Holzlöffel kräftig rühren, bis sich ein weißer Belag am Topfboden bildet. Vom Herd nehmen und etwas abkühlen lassen. Nun das Ei und den Käse gleichmäßig mit einem Handrührgerät unterrühren, sodass ein zäher Teig entsteht.
➤ Mit einem nassen Löffel 24 kleine Nocken aus der Masse abstechen. Diese mit feuchten Händen zu Bällchen rollen und auf das Backblech legen. Im heißen Ofen (Mitte) 12 – 15 Minuten backen. Fertig gebackene Bällchen auf einem Kuchengitter abkühlen lassen.

- Inzwischen für die Suppe den Kürbis in Spalten schneiden und entkernen. Die Kürbisspalten klein schneiden. Kartoffeln, Schalotten und Ingwer schälen und klein schneiden.
- Butter in einem Suppentopf erhitzen. Darin Schalotten, Ingwer, Kürbis und Kartoffeln 3 – 4 Minuten bei mittlerer Hitze anschwitzen. Mit Gemüsebrühe ablöschen und zugedeckt bei mittlerer Hitze 15 – 20 Minuten köcheln lassen. Anschließend die Suppe pürieren. Sahne zugießen und kurz aufkochen lassen. Mit Salz und Pfeffer abschmecken.
- Suppe mit Käsebällchen und etwas Kürbiskernöl beträufelt servieren.

Feuertopf mit Knusperwürfeln

200 g grüne Bohnen
2 Zwiebeln
40 g Ingwer
4 EL Olivenöl
200 g rote Linsen
450 ml Gemüsebrühe
400 ml Kokosmilch
½ Zitrone
800 ml passierte Tomaten aus dem Glas
Meersalz
Pfeffer, frisch gemahlen
Chilipulver
300 g Joghurt

Knusperwürfel:
etwa 2 ½ EL Buchweizen, gemahlen
3 – 4 EL glutenfreies Vollkorn-Paniermehl
2 frische Eier
1 EL Petersilie, frisch gehackt
Meersalz
Pfeffer, frisch gemahlen
1 EL Butter

➤ Für die Knusperwürfel Mehl und Paniermehl in einer Schüssel vermengen. Eier und Petersilie dazugeben und zu einem Teig verarbeiten. Mit etwas Salz und Pfeffer würzen. Butter in einer Pfanne erhitzen. Darin den Teig flach drücken und bei mittlerer Hitze 2 – 3 Minuten pro Seite goldbraun ausbacken. Aus der Pfanne nehmen, klein würfeln und abkühlen lassen.

- Für die Suppe Bohnen putzen und halbieren. Zwiebeln und Ingwer schälen und fein schneiden. In einem Suppentopf das Öl erhitzen. Darin die Zwiebeln glasig anbraten. Ingwer, Bohnen und Linsen zugeben. Kurz mitbraten, dann mit der Brühe ablöschen. Die Suppe zugedeckt bei mittlerer Hitze 15 Minuten köcheln lassen.
- Saft der Zitrone auspressen. Kokosmilch und passierte Tomaten zur Suppe geben, gut umrühren. Mit Zitronensaft, Salz, Pfeffer und Chili abschmecken. Nochmals erwärmen und kurz ziehen lassen.
- Die Suppe in den Suppentellern mit etwas Joghurt und den Knusperwürfeln garnieren und servieren.

Bohneneintopf mit Buchweizenklößchen

200 g getrocknete Kidneybohnen
200 g getrocknete weiße Bohnen
Wasser zum Einweichen und Garen der getrockneten Bohnen
4 Tomaten
2 Möhren
2 Knoblauchzehen
1 Bund Frühlingszwiebeln
1 frische rote Chilischote
1 EL Butter
700 ml Gemüsebrühe
1 EL Ajvar
Meersalz
Pfeffer, frisch gemahlen

Buchweizenklößchen:
80 g Buchweizen, gemahlen
50 g Butter
50 ml Gemüsebrühe
½ Bund Petersilie
2 frische Eier
2 EL Speisestärke
Meersalz
Pfeffer, frisch gemahlen

- Die getrockneten Bohnen über Nacht in reichlich Wasser einweichen. Am nächsten Tag die Bohnen in einem Topf mit frischem Wasser zum Kochen bringen. Zugedeckt bei mäßiger Hitze etwa 1 Stunde weich garen. Dann abgießen.
- Tomaten blanchieren und häuten. Stielansätze und Kerne entfernen und das Tomatenfruchtfleisch klein schneiden. Möhren schälen und klein würfeln. Knoblauch schälen und fein hacken. Frühlingszwiebeln und Chilischote putzen und klein schneiden.
- Die Butter in einem Suppentopf erhitzen. Darin Knoblauch, Frühlingszwiebeln, Chili und Möhren 1 – 2 Minuten dünsten. Gemüsebrühe angießen und zugedeckt bei mittlerer Hitze 15 Minuten köcheln lassen.

- Inzwischen für die Klößchen Mehl in einem kleinen Topf anrösten. Butter dazugeben, schmelzen und nach und nach die Gemüsebrühe zugießen. Dabei ständig rühren. Topf vom Herd nehmen und etwas abkühlen lassen. Petersilienblättchen abzupfen und fein hacken. Eier, Speisestärke, Petersilie, etwas Salz und Pfeffer zur Mehlschwitze geben und zu einer festen Masse verrühren.
- Mit zwei Teelöffeln kleine Klößchen aus der Masse abstechen und zur Suppe in den Topf geben. Ajvar und Tomatenwürfel zugeben und alles bei mittlerer Hitze 10 – 15 Minuten ziehen lassen. Die fertig gegarten Bohnen zugeben und vorsichtig unterrühren.
- Suppe mit Salz und Pfeffer abschmecken und servieren.

Linseneintopf mit Buchweizennocken

300 g Linsen
eventuell Wasser zum Einweichen der Linsen
1 l Gemüsebrühe
2 Möhren
50 g Knollensellerie
½ Stange Lauch
½ Bund Petersilie
Meersalz
Pfeffer, frisch gemahlen

Buchweizennocken:
100 g Buchweizen, gemahlen
2 frische Eier
2 EL Milch
Meersalz
etwas Pfeffer, frisch gemahlen

- Linsen nach Wunsch über Nacht in reichlich Wasser einweichen. (Einweichen ist nicht unbedingt nötig, dadurch verkürzt sich jedoch die Kochzeit am nächsten Tag.)
- Einweichwasser der Linsen am nächsten Tag abgießen. In einem Suppentopf die Linsen mit der Gemüsebrühe aufkochen und 10 – 20 Minuten bei mittlerer Hitze köcheln lassen.
- Möhren und Sellerie schälen. Möhren 1 cm groß würfeln, Sellerie fein würfeln. Lauch putzen und in feine Ringe schneiden. Alles zu den Linsen geben und weitere 20 Minuten köcheln lassen.
- Inzwischen für die Nocken Mehl mit Eiern, Milch, 1 TL Salz und Pfeffer zu einem sehr zähen Teig verrühren. In einem Topf reichlich Wasser mit etwas Salz zum Kochen bringen. Mit zwei Teelöffeln jeweils eine kleine Menge Teig abstechen und im heißen Wasser 10 – 15 Minuten ziehen lassen. Klößchen mit einem Schaumlöffel aus dem Wasser nehmen und mit kaltem Wasser abschrecken.
- Petersilienblättchen abzupfen und fein hacken. Die Suppe mit Petersilie, Salz und Pfeffer würzen.
- Die Klößchen zur Linsensuppe geben und servieren.

Grünkohleintopf

1 kg Grünkohl
Meersalz
400 g Kartoffeln
2 Möhren
2 Zwiebeln
2 EL Rapsöl oder Butter
100 g Buchweizen
1 l Gemüsebrühe
Pfeffer, frisch gemahlen

- Grünkohl putzen und in reichlich Wasser mit etwas Salz 3 Minuten blanchieren. Kohl aus dem Wasser nehmen, in einem Sieb gut abtropfen und etwas abkühlen lassen. Anschließend in feine Streifen schneiden.
- Kartoffeln, Möhren und Zwiebeln schälen. Kartoffeln und Möhren in Würfel schneiden. Zwiebel fein würfeln.
- In einem Suppentopf das Öl oder die Butter erhitzen. Darin die Zwiebeln und Gemüsewürfel 1 – 2 Minuten andünsten. Buchweizen und Grünkohl zugeben und 5 Minuten mitdünsten. Brühe angießen und zugedeckt bei mittlerer Hitze 20 Minuten köcheln lassen.
- Eintopf mit Salz und Pfeffer würzen und servieren.

Desserts und Naschereien

Kaiserschmarren

für 2 bis 4 Portionen

5 frische Eier
Meersalz
50 g feiner Vollrohrzucker
70 g Buchweizen, gemahlen
50 g Reisvollkornmehl
100 g Speisestärke
320 ml Milch
4 EL Rosinen
50 g Butter
Roh-Rohrpuderzucker zum Bestäuben
250 g Apfelmus

- Eier trennen. Eiweiß mit 1 Prise Salz zu steifem Schnee schlagen.
- Eigelb in einer Schüssel mit Zucker cremig rühren. Mehle, Speisestärke, 1 Prise Salz und Milch zum Eigelb geben und zu einem glatten, dickflüssigen Teig verrühren. Rosinen unterrühren.
- Eischnee vorsichtig unter den Teig heben.
- Backofen auf 180 °C vorheizen. Butter in einer ofenfesten Pfanne erhitzen. Den Teig langsam eingießen und 2 – 3 Minuten braten. Anschließend im heißen Ofen (Mitte) 12 – 15 Minuten fertig backen, bis der Kaiserschmarren goldbraun ist.
- Kaiserschmarren aus dem Ofen nehmen und mit zwei Gabeln in unregelmäßige Stücke trennen. Mit Puderzucker bestäuben und mit Apfelmus servieren.

Dampfnudel

250 g Quark
3 frische Eier
4 EL Rapsöl
100 g Buchweizen, gemahlen
30 g (3 ½ – 4 EL) Hanfmehl
200 g Speisestärke
70 g feiner Vollrohrzucker
2 TL Weinsteinbackpulver
Meersalz
etwas Buchweizenmehl für das Tuch

- In einer Schüssel Quark, Eier und Öl verrühren. Mehle, Speisestärke, Zucker, Backpulver und 1 Prise Salz dazugeben und glatt verkneten. Den Teig zu einem Kloß formen. Diesen auf ein leicht bemehltes Tuch aus Leinen oder Baumwolle legen. Die Tuchecken locker in der Mitte über dem Teig zusammenbinden.
- In einem Topf reichlich Wasser mit etwas Salz zum Kochen bringen. Den Teig im Tuch auf einem Kochlöffel in das kochende Wasser hängen. Bei mittlerer Hitze etwa 50 Minuten köcheln lassen.
- Dampfnudel aus dem Wasser nehmen und 10 Minuten im Tuch ruhen lassen. Dann das Tuch vorsichtig lösen und die Dampfnudel in 1 cm dicke Scheiben schneiden.
- Dampfnudelscheiben zum Beispiel mit Portweinpflaumen, siehe Tipp, servieren.

Tipp

Servieren Sie die Dampfnudel mit **Portweinpflaumen.**

- Dafür 250 g Pflaumen halbieren und entsteinen. In einem Topf 100 ml Portwein oder roten Traubensaft mit 1 ½ EL feinem Vollrohrzucker und 1 Zimtstange erhitzen. Pflaumen dazugeben und zugedeckt 8 – 10 Minuten bei leichter Hitze köcheln lassen.
- 1 EL Speisestärke mit etwas Wasser anrühren und unter Rühren zu den Pflaumen geben. Die Pflaumen kurz aufkochen, dann vom Herd nehmen. Die Zimtstange vor dem Servieren entfernen.

Quarknocken

3 frische Eier
80 g feiner Vollrohrzucker
800 g Quark
50 g Buchweizen, gemahlen
20 g (2 ½ EL) Hanfmehl
70 g Speisestärke
½ TL Weinsteinbackpulver

Zum Wälzen:
200 g Butter
50 g Buchweizenflocken
1 TL Zimt
2 EL feiner Vollrohrzucker

- In einer Schüssel Eier und Zucker cremig rühren. Nach und nach Quark dazugeben und unterrühren. Mehle, Speisestärke und Backpulver dazugeben und vermischen.
- In einem Topf reichlich Wasser mit etwas Salz zum Kochen bringen. Mit zwei Teelöffeln kleine Nocken aus der Masse abstechen. Diese im Wasser bei schwacher Hitze gar ziehen lassen. Sie sind fertig, wenn sie an der Oberfläche schwimmen. Dann mit einem Schaumlöffel aus dem Wasser nehmen und gut abtropfen lassen.
- Butter in einer Pfanne erhitzen. Darin Buchweizenflocken goldbraun rösten. Zimt und Zucker zugeben und gut verrühren. Pfanne vom Herd nehmen. Abgetropfte Quarknocken vorsichtig in der Flockenbutter wenden.
- Nocken zum Beispiel mit Johannisbeersauce, siehe Tipp, servieren.

Tipp

Zu den Quarknocken passt gut eine **Johannisbeersauce.**

- Dafür 100 g rote oder schwarze Johannisbeeren von den Rispen streifen.
- 150 ml Johannisbeersaft mit 2 EL feinem Vollrohrzucker und 2 EL Vanillezucker erhitzen. 1 TL Speisestärke mit etwas Wasser anrühren, zum Saft geben und kurz aufkochen. Johannisbeeren und 2 EL Johannisbeerkonfitüre zugeben, gut durchrühren und vom Herd nehmen. Dann die Sauce servieren.

Quarkauflauf mit Früchten

Butter für die Auflaufform
500 g Kirschen aus dem Glas (Abtropfgewicht) oder frische Kirschen, entsteint
½ Zitrone
2 frische Eier
1 Prise Meersalz
80 g Butter, weich
100 g feiner Vollrohrzucker
2 EL Vanillezucker (siehe auch Seite 17)
500 g Quark
2 EL Buchweizengrieß
1 Päckchen Vanillepuddingpulver
50 g Rosinen
3 EL Mandeln, gehobelt
2 EL Buchweizenflocken

- Backofen auf 180 °C vorheizen. Eine Auflaufform fetten.
- Kirschen in einem Sieb gut abtropfen lassen.
- Saft der Zitrone auspressen.
- Eier trennen. Eiweiß mit Salz steif schlagen. In einer Schüssel 50 g Butter mit Zucker und Vanillezucker cremig rühren. Eigelb, Quark und Zitronensaft dazugeben und alles verrühren. Buchweizengrieß mit Puddingpulver mischen und unter die Quarkmasse rühren.
- Kirschen und Rosinen unter die Quarkmasse heben. Eischnee vorsichtig unterziehen. Quarkmasse in die vorbereitete Auflaufform geben. Restliche Butter in Flöckchen, Mandelblättchen und Buchweizenflocken darauf verteilen und den Auflauf im heißen Ofen (Mitte) etwa 45 Minuten backen.
- Den Auflauf am besten noch warm servieren.

Tipp

Für eine leckere Variante Aprikosen oder Pfirsiche statt der Kirschen verwenden und statt Rosinen getrocknete Aroniabeeren wählen.

Ofenklößchen mit Zimtzucker

für 2 bis 4 Portionen

1 frisches Ei
50 g feiner Vollrohrzucker
200 g Quark
60 g Buchweizengrieß
150 ml Milch
1 EL Vanillezucker (siehe auch Seite 17)
1 Prise Meersalz

Zimtzucker:
1 TL Zimt
5 EL feiner Vollrohrzucker

- Backofen auf 180 °C vorheizen. In einer Schüssel Ei und Zucker schaumig rühren. Nach und nach Quark und Buchweizengrieß zugeben und unterrühren.
- In einem Topf Milch mit Vanillezucker und Salz aufkochen. Die Milch in eine Auflaufform füllen.
- Aus der Quarkmasse mithilfe von zwei Esslöffeln kleine Klöße abstechen und in die Milch legen. Die Auflaufform mit einem Deckel schließen und die Klößchen im heißen Ofen (Mitte) etwa 15 Minuten goldbraun backen. Inzwischen Zimt und Zucker in einer kleinen Schüssel verrühren.
- Die heißen Quarkklößchen mit Zimtzucker bestreut servieren.

Französische Apfelspeise mit Streuseln

Butter für 4 Tassen-Backformen (Volumen jeweils etwa 150 ml)
1 Zitrone
4 Äpfel
8 EL Ahornsirup
4 EL Buchweizenflocken
2 gehäufte EL Speisestärke
50 g feiner Vollrohrzucker
1 Prise Meersalz
1 MSP Zimt
60 g Butter

- Backofen auf 190 °C vorheizen. 4 ofenfeste Tassen mit etwas Butter fetten.
- Saft der Zitrone auspressen. Äpfel schälen, vierteln und die Kerngehäuse entfernen. Apfelviertel in 5 mm dicke Scheiben schneiden. In einer Schüssel mit Zitronensaft und Ahornsirup vermengen.
- Buchweizenflocken, Speisestärke, Zucker, Salz und Zimt in einer Schüssel vermengen. Butter in kleinen Flöckchen dazugeben und alles mit den Händen zu Streuseln verkneten.
- Apfelstücke in die vorbereiteten Tassen geben. Streusel über die Apfelstücke krümeln und im heißen Ofen (unten) 20 – 30 Minuten backen.
- Apfelspeise in den Tassen servieren.

Schokogrießbrei mit Kirschen

für 2 bis 4 Portionen

50 g Buchweizengrieß
2 – 3 EL Kakaopulver
80 g feiner Vollrohrzucker (Menge nach Geschmack)
1 EL Vanillezucker (siehe auch Seite 17)
1 MSP Zimt
½ l Milch
350 g (Süß-)Kirschen aus dem Glas (Abtropfgewicht)
etwas Kirschsaft (Saft der Kirschen aus dem Glas)

➤ Buchweizengrieß mit Kakaopulver, Zucker, Vanillezucker und Zimt vermengen. In einem Topf die Milch zum Kochen bringen. Die Grießmischung langsam in die kochende Milch einrühren.
➤ Buchweizengrieß 5 – 10 Minuten bei mäßiger Hitze quellen lassen. Dabei ständig umrühren, damit der Brei nicht am Topfboden anhaftet. Vom Herd nehmen und etwas abkühlen lassen.
➤ Grießbrei mithilfe eines Dessertringes auf Tellern anrichten oder in Schälchen geben. Jeweils mit einigen Kirschen und etwas Kirschsaft garnieren und servieren.

Bananenbällchen

für 2 Portionen

2 sehr reife Bananen
50 g Buchweizen, gemahlen
75 g Speisestärke
1 TL Weinsteinbackpulver
2 EL feiner Vollrohrzucker
3 – 4 EL Milch
natives Kokosöl zum Ausbacken
Roh-Rohrpuderzucker zum Bestäuben

- Bananen schälen und mit einer Gabel zerdrücken. In einer Schüssel Mehl, Speisestärke und Backpulver mit Zucker und Milch zu einem glatten Teig verrühren. Bananenbrei zugeben und verrühren.
- Öl zum Ausbacken in einem Topf erhitzen. Aus dem Teig pflaumengroße Bällchen formen und diese portionsweise 2 – 4 Minuten im heißen Öl goldbraun ausbacken. Auf Küchenpapier abtropfen lassen.
- Bananenbällchen mit Puderzucker bestäubt servieren.

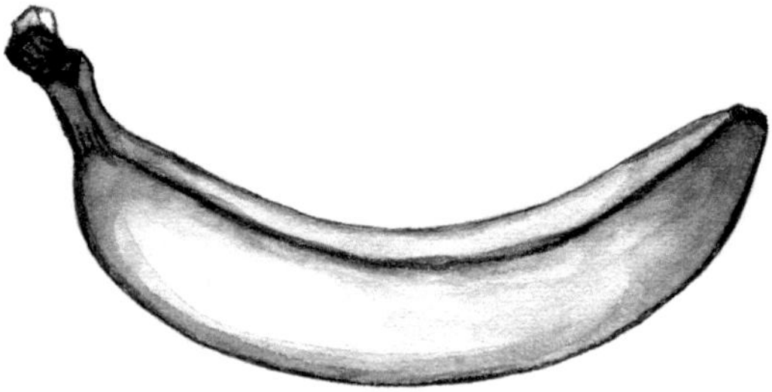

Apfelkrapfen

Ergibt etwa 30 Apfelkrapfen

70 g Buchweizen, gemahlen
40 g (5 EL) Reisvollkornmehl
30 g (3 ½ – 4 EL) Hanfmehl
100 g Speisestärke
10 g (2 TL) Pfeilwurzstärke
2 TL Weinsteinbackpulver
4 frische Eier
1 Prise Meersalz
50 g feiner Vollrohrzucker
250 g Quark
4 EL natives Kokosöl, zerlassen
2 Äpfel
natives Kokosöl zum Ausbacken
Roh-Rohrpuderzucker zum Bestäuben

- Mehle, Speisestärke, Pfeilwurzstärke und Backpulver vermengen. Eier trennen. Eiweiß mit Salz zu steifem Eischnee schlagen. Eigelb mit Zucker cremig rühren. Quark und Öl zum Eigelb geben und verrühren.
- Äpfel schälen, vierteln und Kerngehäuse entfernen. Apfelviertel in kleine Stücke schneiden, zur Eigelb-Quark-Creme geben und vermischen. Abwechselnd Mehlmischung und Eischnee dazugeben und vermengen.
- Öl zum Ausbacken in einem Topf erhitzen. Mit zwei Esslöffeln aus dem Teig Nocken formen und diese portionsweise im heißen Öl ausbacken, bis sie goldgelb sind. Auf Küchenpapier abtropfen lassen.
- Apfelkrapfen mit Puderzucker bestäubt servieren.

Vanilleparfait mit Himbeerpüree

100 g Walnüsse
2 frische Eier
2 frische Eigelbe
70 g feiner Vollrohrzucker
4 TL Vanillezucker (siehe auch Seite 17)
400 ml Sahne
300 ml Himbeersaft
200 g Himbeeren
1 EL Granatapfelsirup
3 EL Buchweizenflocken
4 Blätter Minze

- Walnüsse hacken. Eine Kastenform (Länge etwa 17 cm) mit Frischhaltefolie auslegen. Eier, Eigelb, 50 g Zucker und 2 TL Vanillezucker cremig rühren. Sahne steif schlagen und unter die Eigelbcreme heben. Walnüsse unterrühren. Die Masse in die Kastenform füllen und 6 Stunden tiefgefrieren.
- In einem Topf Himbeersaft mit 20 g Zucker erhitzen und etwas einkochen lassen. Topf vom Herd nehmen. Himbeeren zugeben und die Mischung pürieren. Himbeerpüree mit Granatapfelsirup abschmecken.
- Buchweizenflocken und 2 TL Vanillezucker in einer Pfanne ohne Fett anrösten, bis die Flocken fein duften. Auf einen großen Teller als dünne Lage verteilen.
- Das fertig gefrorene Parfait vorsichtig aus der Form nehmen und rundherum gleichmäßig in den gerösteten Buchweizenflocken wälzen. Dann in 2 cm dicke Scheiben schneiden.
- Parfait mit Himbeerpüree und mit Minzeblättern garniert servieren.

Bratäpfel mit Vanillesauce

Butter für die Auflaufform
½ Zitrone
4 Äpfel
¼ l Milch
2 EL Vanillezucker (siehe auch Seite 17)
4 EL Buchweizengrieß
1 EL feiner Vollrohrzucker
1 frisches Ei
1 Prise Meersalz
1 EL Mandeln, gehackt

Vanillesauce:
650 ml Milch
1 Päckchen Vanillepuddingpulver
2 EL feiner Vollrohrzucker

- Backofen auf 200 °C vorheizen. Eine Auflaufform fetten. Saft der Zitrone auspressen. Von den Äpfeln jeweils einen Deckel abschneiden und beiseite legen. Die Äpfel mit einem Löffel oder Apfelausstecher vorsichtig etwas aushöhlen. Die Schnittflächen mit Zitronensaft beträufeln, damit sie nicht braun werden.
- Milch mit Vanillezucker in einem Topf aufkochen. Buchweizengrieß und Zucker mischen und unter Rühren in die Milch einrieseln lassen. Bei kleiner Hitze 3 Minuten unter ständigem Rühren köcheln. Dann den Topf vom Herd nehmen.
- Ei trennen. Eigelb zügig unter die Grießmasse rühren. Eiweiß mit Salz steif schlagen und unter den Grieß heben. Die Masse in die ausgehöhlten Äpfel füllen. Gefüllte Äpfel in die Auflaufform setzen, mit den gehackten Mandeln bestreuen und die Apfeldeckel wieder auf die Äpfel legen. Im heißen Ofen (Mitte) 15 – 20 Minuten backen.
- Inzwischen für die Vanillesauce die Milch in einen Topf gießen. 8 EL davon abnehmen und mit Puddingpulver und Zucker verrühren. Restliche Milch aufkochen. Das angerührte Puddingpulver in die kochende Milch gießen und unter ständigem Rühren 1 Minute köcheln lassen. Fertig gebackene Äpfel mit Vanillesauce servieren.

Schichtdessert mit Mandarinencreme

für 2 bis 4 Portionen

2 frische Eier
1 Prise Meersalz
1 ½ EL feiner Vollrohrzucker
1 ½ EL Butter, zerlassen
60 g Buchweizen, gemahlen

Mandarinencreme:
180 g Mandarinen aus dem Glas
Mandarinensaft (Saft der Mandarinen aus dem Glas)
1 Päckchen Vanillepuddingpulver
2 EL feiner Vollrohrzucker
400 ml Orangensaft

- Boden einer Springform (Durchmesser 24 cm) mit Backpapier auslegen. Backofen auf 180 °C vorheizen.
- Eier trennen. Eiweiß mit Salz steif schlagen. Eigelb mit Zucker und Butter cremig rühren. Mehl über die Eigelbcreme sieben und glatt verrühren. Eischnee unterheben. Teig in die Springform füllen und im heißen Ofen (Mitte) etwa 12 Minuten backen. Fertig gebackenen Teig in der Form auf einem Kuchengitter abkühlen lassen.
- Mandarinen durch ein Sieb abgießen, Saft auffangen und Mandarinen gut abtropfen lassen. Puddingpulver mit Zucker und 100 ml Mandarinensaft verrühren. Orangensaft in einem Topf erhitzen und das angerührte Puddingpulver einrühren. Etwa 1 Minute unter Rühren köcheln lassen. Topf vom Herd nehmen und etwas abkühlen lassen. Mandarinen vorsichtig einrühren.
- Teig zerbröseln, einige Brösel zum Garnieren zur Seite stellen. Restliche Brösel in zwei gleich große Portionen teilen. Eine Hälfte auf Dessertgläser oder Schüsseln verteilen und mit etwas Mandarinensaft beträufeln. Mit der Hälfte der Creme bedecken. Zweite Bröselportion mit etwas Mandarinensaft und restliche Mandarinencreme darauf schichten. Das Dessert 1 Stunde kalt stellen.
- Creme mit den zur Seite gestellten Bröseln garnieren und servieren.

Erdbeertiramisu mit Buchweizenmüsli

½ Zitrone
250 g Erdbeeren
2 EL flüssiger Honig
250 g Quark
100 ml Milch
2 EL feiner Vollrohrzucker
2 EL Vanillezucker (siehe auch Seite 17)
200 ml Sahne
100 g Buchweizenmüsli (siehe Seite 25, 26 oder 27)
2 EL Pistazien, gehackt

- Saft der Zitrone auspressen. Erdbeeren putzen. 4 kleine Erdbeeren zum Verzieren auf die Seite stellen. Restliche Erdbeeren vierteln, in einer Schüssel mit Zitronensaft und Honig vermengen und ziehen lassen.
- Quark mit Milch, Zucker und Vanillezucker verrühren. Sahne steif schlagen. Die Sahne nach und nach locker unter die Quarkmischung heben.
- Erdbeeren auf Dessertgläser verteilen. Die Hälfte der Quarkmasse auf die Erdbeeren geben. Buchweizenmüsli darauf verteilen und mit dem Rest der Quarkmasse bedecken. Das Dessert mindestens 1 Stunde kalt stellen.
- Erdbeertiramisu mit Pistazien und den zur Seite gestellten Erdbeeren garnieren und servieren.

Schokomüsli-Bananensplit

30 g Vollmilchkuvertüre
100 g Buchweizenmüsli (siehe Seite 25, 26 oder 27)
½ kleine Zitrone
3 Bananen
2 EL Ahornsirup
50 g Vollmilchschokolade
250 g Frischkäse
50 ml Milch
50 g feiner Vollrohrzucker
200 ml Sahne

- Kuvertüre zerkleinern und im Wasserbad bei mäßiger Hitze vorsichtig schmelzen. Anschließend in einer Schüssel mit dem Müsli vermengen und das Schokomüsli trocknen lassen.
- Saft der Zitrone auspressen. Bananen schälen und in 5 mm dicke Scheiben schneiden. Bananen in einer Schüssel mit Zitronensaft und Ahornsirup vermengen.
- Schokolade hacken. In einer Schüssel Frischkäse mit Milch und Zucker verrühren. Gehackte Schokolade unterziehen. Sahne steif schlagen und nach und nach locker unter die Frischkäsecreme heben.
- Schokomüsli auf Dessertgläser verteilen. Frischkäsecreme darauf verteilen. Bananenstücke auf die Creme geben und das Dessert servieren.

Tipps

- Bereiten Sie gleich eine größere Menge des schokolierten Müslis zu.
- Gut schmeckt das Dessert auch mit Zartbitterschokolade und Bitterkuvertüre.

Bunter Obstbecher mit Buchweizen-Mandel-Krokant

50 g Mandeln
160 g feiner Vollrohrzucker
50 g Buchweizenflocken
3 Pfirsiche
250 g Erdbeeren
200 g Heidelbeeren
200 g Himbeeren
400 g Joghurt
300 ml Sahne

- Mandeln mahlen. In einer Pfanne ohne Fett den Zucker erhitzen, bis er sich löst. Mandeln und Buchweizenflocken zugeben. Im heißen Zucker karamellisieren lassen. Dabei ständig rühren, damit die Mischung krümelig bleibt. Krokant auf einem Stück Backpapier verteilen und abkühlen lassen.
- Pfirsiche entsteinen und klein schneiden. Erdbeeren putzen und vierteln. Pfirsiche, Erdbeeren, Heidelbeeren und Himbeeren auf Dessertgläser verteilen.
- Joghurt in eine Schüssel geben. Sahne steif schlagen und vorsichtig mit dem Joghurt vermengen. Joghurtsahne auf den Früchten verteilen. Dessert mindestens 30 Minuten kalt stellen.
- Früchtebecher mit Krokant bestreut servieren.

Orangenquark mit gepufftem Buchweizen

für 2 bis 4 Portionen

1 ungespitzte Bio-Orange
250 g Quark
2 EL feiner Vollrohrzucker
2 EL Vanillezucker (siehe auch Seite 17)
200 ml Sahne
3 Bananen
200 g Heidelbeeren
3 EL flüssiger Honig
30 g Buchweizen, gepufft
1 EL Haselnüsse, gehackt

- Orange heiß abwaschen, abtrocknen. Schale der Orange fein abreiben, Saft auspressen. In einer Schüssel Quark mit Orangensaft, Zucker, Vanillezucker und abgeriebener Orangenschale cremig rühren. Sahne steif schlagen und locker unterheben.
- Bananen schälen und in 5 mm dicke Scheiben schneiden. In einer Schüssel mit Heidelbeeren und Honig vermengen. Obst in Dessertgläser geben. Zuerst den gepufften Buchweizen, dann die Orangencreme darauf verteilen. Dessert mindestens 30 Minuten kalt stellen.
- Haselnüsse in einer Pfanne ohne Fett rösten, bis sie fein duften. Auf einem Teller abkühlen lassen. Das Quarkdessert mit den Haselnüssen bestreut servieren.

Variante: Kirschdessert mit Schoko-Buchweizen

Lecker ist auch ein sahniges Kirschdessert mit Schoko-Buchweizen.

- Dafür 100 g Zartbitterschokolade im Wasserbad schmelzen. 20 g gepufften Buchweizen mit der geschmolzenen Schokolade mischen. Auf Backpapier abkühlen lassen. Dann in Stücke brechen.
- Aus 500 g Quark, 125 g Mascarpone, 100 ml Sahne oder Milch, 3 EL feinem Vollrohrzucker und gemahlener Vanille eine Creme zubereiten. 300 g Kirschen aus dem Glas abtropfen lassen. Kirschen und Creme abwechselnd in Gläser schichten. Mit Schoko-Buchweizen garnieren und servieren.

Schokoküchlein mit Würzbirnen

Butter für 4 Tassen-Backfomen (Volumen jeweils etwa 160 ml)
glutenfreies Vollkorn-Paniermehl für die Tassen-Backformen
150 g Zartbitterkuvertüre
100 g Butter, weich
100 g Roh-Rohrpuderzucker
3 frische Eier
50 g Buchweizen, gemahlen

Würzbirnen:
½ Zitrone
750 g Birnen
¼ l Rotwein oder Johannisbeersaft
200 ml roter Traubensaft
200 g feiner Vollrohrzucker
1 Stange Zimt
3 Gewürznelken

- Backofen auf 180 °C vorheizen. 4 ofenfeste Tassen fetten und mit Paniermehl ausstreuen. Kuvertüre zerkleinern und im Wasserbad bei mäßiger Hitze vorsichtig schmelzen.
- Butter und Puderzucker in einer Schüssel cremig rühren. Eier einzeln dazugeben und verrühren. Mehl unterrühren. Geschmolzene Kuvertüre in dünnem Strahl dazugießen und alles zu einem glatten Teig verrühren. Den Teig in die vorbereiteten Tassen füllen und im heißen Ofen (Mitte) 12 – 15 Minuten backen.
- Inzwischen für die Würzbirnen Saft der Zitrone auspressen. Birnen schälen, vierteln und die Kerngehäuse entfernen. Birnenviertel mit Zitronensaft beträufeln. In einem Topf Rotwein oder Johannisbeersaft mit Traubensaft, Zucker, Zimtstange und Gewürznelken aufkochen. Darin die Birnenstücke weich dünsten – vorsichtig, nicht zu weich werden lassen. Birnen aus dem Sud nehmen. Den Sud anschließend 5 – 10 Minuten sirupartig einkochen.
- Fertig gebackene Schokoküchlein noch warm mit Würzbirnen und Sud servieren, dabei nach Belieben in den Tassen lassen oder vorsichtig herausnehmen.

Buchweizen-Igelchen

Ergibt etwa 20 Igelchen

Mürbeteig:
100 g kalte Butter
60 g feiner Vollrohrzucker
160 g Buchweizen, gemahlen
1 Prise Meersalz
1 frisches Eigelb
Butter für die Springform (Durchmesser 26 cm)
Buchweizenmehl für die Arbeitsfläche

Rührteig:
100 g Butter, weich
100 g feiner Vollrohrzucker
1 EL Vanillezucker (siehe auch Seite 17)
2 frische Eier
100 g Buchweizen, gemahlen
100 g Speisestärke
1 EL Weinsteinbackpulver
50 ml Milch

Zum Fertigstellen:
500 g Zartbitterkuvertüre
1 EL Rum oder Kinderpunsch
100 g Mandelstifte

- Für den Mürbeteig in einer Schüssel Butter in Flöckchen mit Zucker, Mehl, Salz und Eigelb verkneten. Teig abgedeckt 2 Stunden im Kühlschrank ruhen lassen.
- Aus Pappe eine Schablone für den Igelkörper ausschneiden (Oval mit Spitze, ähnlich wie die Form eines Tropfens). Backofen auf 175 °C vorheizen. Eine Springform fetten und ein Backblech mit Backpapier belegen.

- Für den Rührteig Butter, Zucker und Vanillezucker cremig rühren. Einzeln die Eier dazugeben und unterrühren. Mehl, Speisestärke und Backpulver vermengen und abwechselnd mit der Milch zur Buttercreme geben. Alles glatt verrühren. Teig in die Springform geben und im heißen Ofen (Mitte) etwa 40 Minuten backen. Fertig gebackenen Kuchen in der Form auf einem Kuchengitter abkühlen lassen.
- Den Ofen angeschaltet lassen.
- Mürbeteig aus dem Kühlschrank nehmen und auf der leicht bemehlten Arbeitsfläche 5 mm dünn ausrollen. Mithilfe der Schablone aus dem Teig die Igelkörper ausschneiden. Dabei Teigreste immer wieder zusammenkneten, ausrollen und ausschneiden, bis der Teig aufgebraucht ist. Igelkörper auf dem Backblech im heißen Ofen (Mitte) 10 – 12 Minuten backen. Auf einem Kuchengitter abkühlen lassen.
- Erkalteten Rührkuchen in einer Schüssel klein bröseln.
- Kuvertüre zerkleinern und im Wasserbad bei mäßiger Hitze vorsichtig schmelzen. Die Hälfte der Kuvertüre sowie Rum oder Kinderpunsch zu den Kuchenbröseln geben und vermischen. Aus der Masse Igelchen formen und auf die gebackenen Igel-Kekse geben. Mandelstifte als Stacheln in die Körper stecken und die Igel im Kühlschrank fest werden lassen.
- Restliche Kuvertüre gegebenenfalls nochmals schmelzen und die Igel hineintauchen. Gut abtropfen und auf Backpapier fest werden lassen. Bis zum Verzehr im Kühlschrank lagern.

Energiekugeln

Ergibt etwa 30 kleine Stück

3 EL Sesam
50 g Walnüsse
75 g Datteln, entsteint
4 getrocknete Aprikosen
1 unbehandelte Bio-Orange
50 g Buchweizenflocken
1 – 2 EL flüssiger Honig

- Sesam in einer Pfanne ohne Fett rösten, bis er fein duftet. Auf einem Teller abkühlen lassen. Walnüsse, Datteln und Aprikosen fein hacken. Orange heiß abwaschen, abtrocknen. Schale der Orange fein abreiben, Saft auspressen.
- In einer Schüssel Buchweizenflocken mit 3 EL Orangensaft und der abgeriebenen Orangenschale vermischen. Datteln, Aprikosen, Walnüsse und Honig dazugeben und mit den Flocken vermischen.
- Die Masse zu Kugeln rollen. Kugeln im gerösteten Sesam wälzen. Auf Backpapier legen und vor dem Verzehr mindestens 2 Stunden kühl lagern. Im Weiteren auch so aufbewahren.

Orangen-Krokant-Pralinen

Ergibt etwa 20 Stück

100 g Buchweizengrütze
100 g feiner Vollrohrzucker
50 ml Wasser
50 ml Orangensirup
150 g weiße Kuvertüre
25 g Butter
1 TL Orangenlikör oder Orangenblütenwasser

- In einer Pfanne Buchweizengrütze, Zucker, Wasser und Orangensirup erhitzen. Die Flüssigkeit verdampfen und die Masse karamellisieren lassen. Dabei ständig rühren. Die karamellisierte Masse vom Herd nehmen. Auf Backpapier geben und abkühlen lassen. Anschließend zerkrümeln.
- Kuvertüre zerkleinern und zusammen mit der Butter im Wasserbad bei mäßiger Hitze vorsichtig schmelzen. Orangenlikör oder Orangenblütenwasser einrühren. Vom Wasserbad nehmen und etwas fest werden lassen.
- Das Krümelkrokant zur noch formbaren, handwarmen Kuvertüre geben und vermengen. Die Masse zu Pralinenkugeln formen. Kugeln auf Backpapier legen und bis zum Verzehr im Kühlschrank fest werden lassen und lagern.

Schoko-Nuss-Berge

Ergibt etwa 30 Stück

200 g Vollmilchkuvertüre
50 g Mandeln
50 g Walnüsse
50 g Buchweizen, gepufft
2 EL Rosinen

- Kuvertüre zerkleinern und im Wasserbad bei mäßiger Hitze vorsichtig schmelzen.
- Mandeln und Walnüsse hacken. In einer Schüssel gepufften Buchweizen, Mandeln, Walnüsse und Rosinen vermengen. Kuvertüre zur Nussmischung geben und gleichmäßig vermengen.
- Mit zwei Teelöffeln kleine Häufchen aus der Masse formen und auf Backpapier setzen. Die Nuss-Berge bis zum Verzehr im Kühlschrank fest werden lassen und aufbewahren.

Variante: Cranberrypralinen

Auch Cranberrypralinen sind eine Versuchung wert.

- Dafür 3 EL getrocknete Cranberrys und 50 g Mandeln fein hacken. Mit 50 g gepufftem Buchweizen in einer Schüssel mischen.
- 200 g weiße Schokolade im Wasserbad schmelzen. Schokolade zur Mandel-Cranberry-Mischung geben und verrühren. Leicht abkühlen lassen.
- Mit den Händen aus der noch warmen Masse Pralinen rollen und diese auf Backpapier fest werden lassen. Im Kühlschrank aufbewahren.

Nougat-Knusper-Pralinen

Ergibt 15 Kugeln

100 g Nougatmasse
20 g Buchweizen, gepufft
75 g Mandeln
150 g Vollmilchkuvertüre

- Nougatmasse im Wasserbad leicht erwärmen, bis sie formbar ist. In einer Schüssel Nougat mit gepufftem Buchweizen vermengen. Aus der Masse 15 Kugeln formen.
- Mandeln hacken. Kuvertüre zerkleinern und im Wasserbad bei mäßiger Hitze vorsichtig schmelzen. Kugeln mithilfe einer Pralinengabel in die geschmolzene Kuvertüre tauchen. Abtropfen lassen und in den gehackten Mandeln wälzen.
- Mandel-Kugeln auf ein Kuchengitter oder Pralinengitter setzen und die Kuvertüre fest werden lassen. Die Pralinen bis zum Verzehr kühl und trocken aufbewahren.

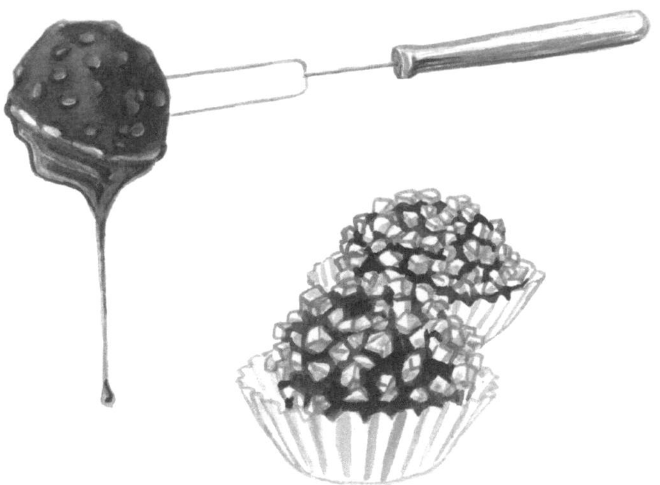

Schoko-Bonbons

Ergibt etwa 30 Stück

150 g Vollmilchkuvertüre
350 g Nougatmasse
¼ l Sahne
100 g natives Kokosöl
20 g Buchweizen, gepufft

- Ein Backblech mit Backpapier belegen.
- Kuvertüre und Nougatmasse zerkleinern und im Wasserbad bei mäßiger Hitze vorsichtig schmelzen. In einem Topf die Sahne erhitzen. Kuvertüre und Nougat mit der heißen Sahne übergießen und glatt verrühren. Vom Wasserbad nehmen und nach und nach das Kokosöl unterrühren. So lange rühren, bis eine zähflüssige Masse entstanden ist.
- Gepufften Buchweizen rasch und gleichmäßig in die Masse einarbeiten. Masse auf das Backblech geben und 1 cm dick ausstreichen. Sobald die Masse handwarm ist, zügig mit den Händen kleine Bonbons daraus formen. Bonbons auf das Backpapier zurücklegen und fest werden lassen.
- Die fertigen Schoko-Bonbons bis zum Verzehr kühl und trocken aufbewahren.

Weihnachtsschokolade mit Buchweizenflakes

200 g Mandeln
2 EL feiner Vollrohrzucker
350 g Zartbitterkuvertüre
40 g (3 – 4 EL) natives Kokosöl
1 MSP Zimt
1 MSP gemahlener Kardamom
50 g Buchweizenflakes

- Mandeln in einer Schüssel mit kochendem Wasser überbrühen, kurz ziehen lassen, dann häuten. Mit einem Küchentuch die Mandelkerne gut abtrocknen.
- Ein Holzbrett oder Backblech mit Backpapier belegen. In einer Pfanne den Zucker schmelzen. Mandeln zugeben und karamellisieren lassen. Karamellisierte Mandeln großzügig auf dem Backpapier verteilen, sodass sie nicht aneinanderkleben, und trocknen lassen.
- Kuvertüre zerkleinern und mit Kokosöl im Wasserbad bei mäßiger Hitze vorsichtig schmelzen. Vom Wasserbad nehmen und die Gewürze gleichmäßig einrühren. Mit den abgekühlten Mandeln und Buchweizenflakes vermengen und auf dem Backpapier ausstreichen. Kalt stellen und fest werden lassen.
- Die Schokolade in Stücke brechen und bis zum Verzehr kühl und trocken aufbewahren.

Die Autorin

Anja Völkel lebt mit ihrer Familie an der Ostsee. Durch jahrelange Mitarbeit in einer Apotheke mit Ernährungsberatung konnte die Autorin ihr Wissen über gesunde Ernährung vertiefen. Die damit verbundene schmackhafte Zubereitung der Lebensmittel ist für sie der Schlüssel zu Gesundheit und Wohlbefinden. Sie legt besonderen Wert darauf, dass ihre Zubereitungen problemlos gelingen und allen Beteiligten Freude machen.

Im pala-verlag sind von ihr außer diesem Buch folgende Titel erschienen:

- Quinoa – Korn der Anden
- Zauberhafte Weihnachtsbäckerei – glutenfrei

Verzeichnis der Rezepte

Natürlich glutenfrei

Anja Völkel:
Quinoa – Korn der Anden
ISBN: 978-3-89566-350-5

Anja Völkel:
Zauberhafte Weihnachtsbäckerei – glutenfrei
ISBN: 978-3-89566-338-3

Simone Stefka:
Glutenfrei backen
ISBN: 978-3-89566-226-3

Alexander Neukert:
Glutenfrei vegan
ISBN: 978-3-89566-362-8

Vegetarische Köstlichkeiten

Anna Lena Böckel, Uwe Schröder, Günter Wagner:
Flowfood
ISBN: 978-3-89566-386-4

Wolfgang Hertling:
Kochen mit Hirse
ISBN: 978-3-89566-263-8

Astrid Martínez Paternina:
Mais – das goldene Korn
ISBN: 978-3-89566-327-7

Karin Walz:
Das Mohnbuch
ISBN: 978-3-89566-318-5

Gesamtverzeichnis bei:
pala-verlag, Königstraße 43, 26180 Rastede, www.pala-verlag.de

Bibliografische Information der Deutschen Nationalbibliothek
Die Deutsche Nationalbibliothek verzeichnet diese Publikation in der Deutschen Nationalbibliografie; detaillierte bibliografische Angaben sind im Internet unter http://dnb.d-nb.de abrufbar.

ISBN: 978-3-89566-361-1

www.pala-verlag.de
2. Auflage 2026
pala-verlag als Imprint der ökobuch Verlag GmbH
Königstr. 43, 26180 Rastede

Umschlag- und Innenillustrationen: Kirsten Maria Peter

Lektorat: Angelika Eckstein

Gedruckt auf
100% Recyclingpapier